Authentisch kommunizieren

Stefan Bannwart

Authentisch kommunizieren

Man selbst sein, um zu überzeugen

2. Auflage

Stefan Bannwart
Stefan Bannwart AG Communications
Consulting Zürich
Zürich, Schweiz

ISBN 978-3-662-72817-8 ISBN 978-3-662-72818-5 (eBook)
https://doi.org/10.1007/978-3-662-72818-5

Die Deutsche Nationalbibliothek verzeichnet diese Publikation in der Deutschen Nationalbibliografie; detaillierte bibliografische Daten sind im Internet über https://portal.dnb.de abrufbar.

Springer ist ein Imprint der eingetragenen Gesellschaft Springer-Verlag GmbH, DE und ist ein Teil von Springer Nature.
Die Anschrift der Gesellschaft ist: Heidelberger Platz 3, 14197 Berlin, Germany

Geleitwort (1. Auflage)

Before he can move their tears his own must flow.

Winston Churchill, The Scaffolding of Rhetoric, 1897

Das Zeitalter der unbegrenzten Datenfülle hat das Bedürfnis nach Effizienz in der Kommunikation nicht erfunden. Es hat fortgesetzt und intensiviert, was seit den alten Griechen und Römern immer ein zentrales Thema für das gegenseitige Verständnis der Menschen war. Vor über hundert Jahren hat sich beispielsweise der damals 23-jährige Winston Churchill, einer der wohl gewieftesten Kommunikatoren des 20. Jahrhunderts, mit der Frage der Überzeugungskraft des Redners auseinandergesetzt: „To convince them he must himself believe. He may be often inconsistent. He is never consciously insincere" (Winston Churchill, op. cit.).

Damit hat der damals noch unerfahrene Rhetoriker, er hatte bis dahin just zwei Reden gehalten, die Notwendigkeit des authentischen Kommunizierens bereits verspürt und vorweggenommen, was Stefan Bannwart darunter versteht, nämlich, „dass die Wirkung eines Menschen dort am größten ist, wo er sich selbst am nächsten kommt", und „wird eine Person als authentisch wahrgenommen wird alles andere sekundär".

Das ist zwar überzeugend, aber leichter gesagt als getan. Denn, wer bin ich eigentlich? Kann ich mit meiner Einzigartigkeit zufrieden sein? Wie bringe ich das glaubwürdig und sicher bis zum Adressaten? Und wie werde ich von den Mitmenschen wahrgenommen?

Für viele stellt die Epoche des *Big Data* und der *Fake News* einen alptraumartigen Wirrwarr dar, denn „das wohl größte vom Menschen geschaffene Labyrinth ist das Internet", weitläufig genug, damit sich sogar unser „wahres Selbst" verirren kann. Wer sich wie ich durch das scheinbar heillose Durcheinander der derzeitigen Kommunikation am Abgrund fühlt, sollte unbedingt das Buch von Stefan Bannwart lesen. Es erwirkt den gleichen Effekt wie das GPS für die Orientierungsläufer. Hat man auf seinem iPhone einen Plan aufgeladen, entfällt fortan die erste Frage des Kartenlesens. Das „wo bin ich" ist obsolet, denn der Computer meldet unaufgefordert: Du bist hier. Wohin willst du? Genau so ergeht es dem Leser des *Authentisch Kommunizieren*.

Dank unserer mehrfachen Zusammenarbeit weiß ich, dass der Autor in seiner Karriere stets eine ausgesprochene Vorliebe für besonders schwierige Aufgaben an den Tag gelegt hat. Nicht umsonst befasst er sich in seinem Text auch mit den futuristischsten Entwicklungen unserer Zeit. War eine Firma mit ihrer Kommunikation aufgelaufen, so war er wie ein Retter zur Stelle, um die Lage zu stabilisieren und das *Coaching* zu übernehmen.

Sein Rezept für das „Überzeugen mit dem inneren Kern" ist einfach, auch für Neulinge leicht nachvollziehbar und lässt sich in fünf Schritten zusammenfassen: „Ziel, Adressat, Botschaft, Inhalt, Instrumente". Vorausgesetzt, man hält sich an das Grundprinzip des „wahren Selbst", eine Regel, die Stefan Bannwart von den alten Philosophen – „Werde, der du bist", vom griechischen Dichter Pindar – wie von den modernen Psychologen, insbesondere Carl Gustav Jung – „Individuation" – übernimmt. Seine Referenzen sind aber viel zahlreicher, denn als geschickter Pädagoge weiß er: „Menschen brauchen Geschichten". Und die zahlreichen, interessanten, überraschenden, raffinierten und oft amüsanten Analogien, die er dem Leser zur Untermauerung seiner Botschaft überbringt, stammen aus allen erdenklichen Quellen.

Es liegt für den Leser somit auf der Hand, nach Geschichten aus seiner eigenen Erfahrung zu suchen, sie dem vorgeschlagenen Rezept zu unterwerfen und so nach Gemeinsamkeiten zu prüfen. In meinem Berufsleben hatte ich als Lehrer, als Bundesrat und auch als Unternehmer stets die Frage der Botschaft und jene ihrer Überbringung vor Augen.

Als Lehrer habe ich immer die Regel „Kopf, Bauch, Herz" angewendet (*Aus dem Bauch des Pottwals, Bunte Erinnerungen eines Bundesrates*, S. 305), eine vulgarisierte Form der vom Autor hochgehaltenen Lehre der Rhetorik von Aristoteles (Logos, Ethos und Pathos). Bei mir galt Kopf für Kompetenz, Bauch für Überzeugung und Herz für Empathie. Nur auf diese Weise kann der Leader seine Schüler mitreißen und diese auf ein höheres Niveau an Wissen und Fähigkeiten hieven.

Als Bundesrat übernimmt man gewissermaßen die Leadership für eine ganze Nation. Das ist unendlich viel komplexer als beim Professor, der es mit einem anwesenden, homogenen, gleichaltrigen, im gleichen Studium befindlichem Publikum zu tun hat, welches erst noch bei ihm ein Examen abzulegen hat. Deshalb ist es nicht verwunderlich, dass ich meine Erfahrung als Regierungsmitglied oft mit „mehr als 50% der Arbeitszeit ist Kommunikation" zusammenfasse. Im Bundesrat wird übrigens für jedes wichtige Geschäft noch während der Sitzung, nach der Beschlussfassung, auch die Kommunikation festgelegt. Wie knifflig, aber auch wie heilsam diese Angelegenheit ist, beweist schon die Tatsache, dass bei der Formulierung des Communiqués hie und da die sachbezogene Diskussion wieder von neuem losgeht.

Die von der Schweiz seit über 170 Jahren praktizierte Regierungsform eines Kollegiums – wir haben in der Tat einen siebenköpfigen Staatschef – stellt ganz besondere Herausforderungen an die Leadership und die Kommunikation. Es ist eine altbekannte Weisheit, dass ein Referendum zum Scheitern verurteilt ist, wenn aus dem Bundesrat Uneinigkeit an den Tag kommt. Nicht überraschend also, dass im Regierungs- und Verwaltungsorganisationsgesetz für den Bundesrat als einzige Vorgabe die Kommunikationsfrage geregelt wird: „Die Mitglieder des Bundesrates vertreten die Entscheide des Kollegiums" (Art. 12 RVOG), heißt es lakonisch. Es reicht, die Praxis zu beobachten – man denke an die unzähligen Pressekonferenzen im Zusammenhang mit der COVID-19 – um zu begreifen, wie schwierig es für eine siebenköpfige Gruppe ist, ihr „wahres Selbst" zu erkennen und als authentisches Individuum aufzutreten.

Will der Politiker in erster Linie gewählt werden oder ein Referendum gewinnen, geht es beim Unternehmer vorerst um den Verkauf seiner Produkte. Der Einsatz der neuen Technologien und eines raffinierten *Branding* – Paradebeispiele sind etwa Nespresso oder Swatch – hat gezeigt, wie breit die Möglichkeiten sind, sich differenziert an seine Kundschaft zu wenden. In Anwendung der Regel „Repetieren ist die Mutter der Pädagogik" wird viele hundert Mal das gleiche Geschichtchen ausgestrahlt, bis sich der pfiffige Zuschauer, der die Lektion schon beim zweiten Mal begriffen hat, als für dumm verkauft vorkommt.

Aus allen Erfahrungen jüngerer Zeit möchte ich zwei Perversionen anprangern:

- Da sind einmal die *Fake News,* mittels welchen der populistische Schmeichler dem Empfänger jeweils das erzählt, was dieser gerne hören möchte. Und man fragt sich, weshalb die Wahrheit es so schwer hat, offensichtliche Lügen und fadenscheinige Syllogismen zu bodigen.
- Entgegen der Rhetorik, die sich mit Situationen befasst, wo Emittent und Empfänger physisch zusammentreffen, erfolgt heutzutage die Kommunikation meistens indirekt, mithilfe von Kanälen, Instrumenten und Medien als Vermittler. Das kann von Vorteil sein, wenn beispielsweise in einer Wahlkampagne ein Kandidat nicht von sich selbst, sondern einer Drittperson empfohlen wird. Der authentische Absender läuft aber auch Gefahr, dass seine Botschaft versehentlich oder mit Fleiß verfälscht wird und er sogar von den Journalisten oder seinem Kommunikationsberater erfährt, wer er wirklich sei. Vielleicht muss er dann von seiner Entourage hören: „Du bist ja gar nicht jener, den wir aus der Presse kennen".

Anlässlich unserer Treffen pflegte ich meinen Sparringspartner Stefan Bannwart ketzerisch herauszufordern: „Kommunikation geht immer schief". Er meinte dann: „Gut vorbereitet etwas weniger". Nun, da uns der Autor mit diesem Buch eine Kommunikation über die Kommunikation liefert, ist natürlich die Versuchung naheliegend, sein Werk auf Authentizität zu testen. Hat er sich an seine fünf Schritte gehalten? Hat er seine Botschaft zu seinem Publikum hinübergebracht?

Kein Zweifel, Stefan Bannwart ist in seinem inneren Kern ein überzeugter und überzeugender Kommunikator. Zeitweise mit beinahe wissenschaftlicher Methodik, immer didaktisch untermauert mit prägnanten und unterhaltsamen Geschichten, hält er den Leser in Atem und führt ihn gezielt, sicher und in angenehmer Weise durch sein minutiös aufgebautes System. Schließlich vergisst er auch nicht das Pathos, um sich in die Einstellungen anderer Menschen einzufühlen. Es fließen zwar keine Tränen, wie von Churchill empfohlen oder Roger Federer vorgelebt. Doch wer das vorliegende Werk gelesen hat, wird fortan eine andere Beziehung zur Kommunikation pflegen.

Joseph Deiss ist ehemaliger Bundesrat, Volkswirtschafts- und Außenminister und Bundespräsident der Schweiz und ehemaliger Präsident der Generalversammlung der Vereinten Nationen.

Joseph Deiss

Vorgeschichte

Als Kind habe ich jedes Buch gelesen, das mir in die Finger kam und als Teenager, neben den obligaten Fernsehserien, jeden Film geschaut, der im Kino gezeigt wurde. Dazu kamen die Theater- und Museumsbesuche. Auf diese Weise habe ich versucht, meinen Hunger nach Geschichten und nach Bildern zu stillen. Dabei fand ich es zunehmend interessanter, einen Blick hinter die Kulissen zu werfen. Es gab eine Kinosendung aus der französischen Schweiz, in der der Moderator Christian Defaye nach dem Zeigen des Films mit seinen Gästen, oft Hauptdarsteller, Regisseur oder Produzent, manchmal große Stars, eloquent über diesen Film diskutierte. Im französischen Fernsehen gab es spätabends die Literatursendung, in der Frankreichs Literaturpapst Bernard Pivot ebenso eloquent mit Schriftstellern über ihre Werke sprach. Dazu kamen die Kunstgeschichtsvorlesungen, in denen ich neben meinem Hauptfach Ökonomie an der Universität viel Zeit verbrachte.

Dort überall wurden die Fragen nach dem Hintergrund gestellt:

- Was bedeutet es?
- Was sagt es aus?
- Warum ist es wichtig?
- In welchem Kontext müssen wir es sehen?

- Wer steht dahinter?
- Wie wird es gemacht?
- Und, vor allem: Warum wirkt es?

Natürlich findet man auf solche Fragen meist keine definitiven Antworten – oft nur vorläufige, die vom Betrachter, dem Zeitgeist, dem Stand der Forschung oder irgendwelcher anderer Faktoren abhängen. Das kann man gerade an den großen Werken der Literatur und der Kunst und ihrer Rezeption im Laufe der Geschichte und der Epochen besonders gut sehen. Aber man lernt dauernd dazu, man wächst an diesem Prozess, und nicht zuletzt macht er viel Spaß und Freude. So habe ich ihn ins Berufsleben mitgenommen und mich dafür entschieden, mich professionell mit dem Thema Kommunikation zu beschäftigen.

In den Jahren seit diesen Anfängen durfte ich viele Unternehmen und Menschen, manchmal solche in hohen und höchsten Positionen, in Kommunikationsfragen unterstützen, beraten und ausbilden. Bei dieser Arbeit geht es darum, den Menschen oder Organisationen zu helfen, besser und wirkungsvoller zu kommunizieren. Zum Beispiel steht man ihnen für die Bewältigung einer Kommunikationsaufgabe bei, indem man sie ausbildet oder coacht oder indem man sie bei der Vorbereitung eines bestimmten Auftritts unterstützt.

In dieser Arbeit tauchen die gleichen oder ähnliche Fragen wie vorher wieder auf – nur dieses Mal in umgekehrter Richtung:

- Was soll es bedeuten?
- Was wollen wir aussagen?
- Warum ist es wichtig?
- Wie passen wir es dem Kontext an?
- Wie machen wir den Absender deutlich?
- Wie machen wir es?
- Und, vor allem: Wie schaffen wir, dass es wirkt?

Durch die langjährige Beschäftigung mit diesen Fragen und in der beruflichen Praxis bin ich im Laufe der Zeit zur Überzeugung gelangt, dass es einen entscheidenden Schlüsselfaktor in der Kommunikation gibt, der wichtiger ist als alles anderen: die Authentizität. Das kann selbst dann noch gelten, wenn vermeintliche Fehler begangen werden, die im Widerspruch zu Empfehlungen und Meinungen von Experten und Kritikern stehen.

Wird eine Person als authentisch wahrgenommen, wird alles andere sekundär, sie wird überzeugen.

Natürlich heißt das keineswegs, dass man sich über Kommunikation keine Gedanken zu machen braucht, dass man nichts überlegen, nichts planen, nichts lernen, nichts üben, und einfach nur unvorbereitet, ungeschminkt und, am schlimmsten, unreflektiert kommunizieren soll. Das wäre ein völlig falsches Verständnis davon, was Authentizität im Allgemeinen und authentisch Kommunizieren im Speziellen bedeutet. Das Gegenteil ist der Fall. Wie wir sehen werden, verwenden gerade Menschen, die als sehr authentisch wahrgenommen werden, viel Zeit und Aufwand auf das Thema. Warum ist das so?

Authentizität in der Kommunikation erreichen wir dann, wenn wir unseren Auftritt so kongruent wie möglich mit uns selber bzw. mit unserer Botschaft gestalten. Anders ausgedrückt: Authentisch kommunizieren heißt, dass der Auftritt unserem Kern und dem Kern unserer Botschaft entspricht.

Das setzt zwei Dinge voraus. Erstens müssen wir uns bewusstwerden, was dieser Kern überhaupt ist. Das kann eine überschaubare Aufgabe sein, wenn es nur die Definition einer bestimmten Botschaft für eine spezielle Situation betrifft. Wenn es aber um uns selber als Person geht, und das Ziel darin besteht, unseren eigenen Kern zu finden, so stellt das eine große Aufgabe dar. Vielleicht, so werden wir sehen, ist dieser Weg zu authentischem Sein sogar eine der ganz großen Aufgaben, die wir in unserem Leben überhaupt haben. Zweitens müssen wir die Kongruenz zum Auftritt herstellen. Das bedeutet wiederum viel Arbeit, inhaltlich, strukturell und formal. Und es bedingt, dass man etwas von Kommunikation wissen und verstehen muss, dass man dazulernt und sich weiterentwickelt.

Entsprechend befassen wir uns in diesem Buch mit den folgenden Themenkreisen:

- Woher kommt die Idee der Authentizität als solcher?
- Was heißt es für einen Menschen, authentisch zu sein?
- Was sind die wichtigen Schritte in der Kommunikation?

- Wann werden Menschen als authentisch wahrgenommen?
- Auf was ist zu achten, damit Kommunikation authentisch und wirkungsvoll ist?

Unterwegs werden wir auch einen kurzen Exkurs in den Norden machen, aber nicht in den hohen, sondern in den wahren: dorthin, wo es um authentische Leadership geht, und wir werden deren Ideen mit unseren Ansätzen vergleichen.

Zur Erörterung dieser Themen habe ich diverse Geschichten, Erfahrungen, und die eine oder andere Theorie beigezogen. Wir werden im Verlauf des Buches ihren diversen Protagonisten und Autoren begegnen. Die Protagonisten sind teils real, teils fiktiv, teils mythisch. Teils kommen sie aus Literatur, Kunst, dem Theater, der Musik, dem Kino oder dem Fernsehen, oder sie kommen aus meiner persönlichen beruflichen Erfahrung. Einige kenne ich erst seit kurzem, und andere begleiten mich aus eben jener Zeit, als meine Faszination für die Wirkung und den Hintergrund von Geschichten und Bildern begann. Sie alle haben ihre Rolle dabei gespielt, dass dieses Buch entstanden ist.

Danksagung

Jedes Buch hat einen Autor, und dieser verbringt viele Stunden, Tage und sogar Nächte alleine vor dem anfänglich weißen und dann glücklicherweise zunehmend nicht mehr so weißen Blatt (das heute meist die Form eines Computerbildschirms annimmt). Oder der Autor ist beim Recherchieren von Geschichten, die ihn inspirieren, seine Ideen weiterzuentwickeln, und beim Lesen von dem, was andere Menschen vor ihm zu seinem Themenkreis gedacht, formuliert und festgehalten haben. Aber um ein Buch zu schreiben und zu veröffentlichen, braucht der Autor auch ein Umfeld von guten Geistern, die ihn ermutigen, und von Menschen, die ihren Beitrag leisten, damit es tatsächlich zustande kommt. Ihnen allen soll an dieser Stelle herzlich gedankt werden.

Großer Dank gebührt dem Verfasser des Geleitworts, Alt-Bundesrat Joseph Deiss. Als ich vor einigen Jahren mit ihm über die Idee, dieses Buch zu schreiben, sprach und ihn fragte, ob er das Vorwort verfassen würde, war noch keine einzige Zeile geschrieben, die ich ihm hätte zeigen können. Er hat sofort zugesagt – in Kombination mit wertvollen Ratschlägen, die er, als versierter Buchautor, mir auf den Weg gab. Dieser Vertrauensvorschuss und diese Unterstützung haben mich sehr gefreut. Danken möchte ich auch sehr Parisa Baro, die das Buch mit ihren extra dafür geschaffenen Illustrationen um eine zusätzliche Dimension bereichert hat. Ein weiterer großer Dank geht an Joachim Steffens für die

Einführung bei Springer sowie an alle Personen beim Verlag, die an der Realisierung und Herausgabe des Buches gearbeitet haben, wobei ich aus der Buchplanung vor allem Lena Metzger, die die vorliegende Neuauflage betreut hat, und Susanne Sobich, verantwortlich für die erste Auflage, herausheben möchte.

Danken möchte ich auch allen Freundinnen und Freunden, Bekannten und Kollegen, die mir mit Rat, mit Input, mit Unterstützung bei Recherche- und Transkriptionsarbeit, bei administrativen und organisatorischen Fragen, mit Textkorrekturen, mit Feedback, mit Kritik, aber auch mit guter Energie, mit Zuspruch und nicht zuletzt mit ihrem Interesse zur Seite standen. Insbesondere genannt sein sollen (in alphabetischer Reihenfolge): Claudius Albrecht, Martin Auckenthaler, Bernadette Bolliger, Stella de Sabata, Laszlo Gömöri, Eva Häuselmann, Régine Lemoine-Darthois, Stefania Lottanti von Mandach, Caroline Rosenthal, Christian Rutishauser, Ludger Schwinn, Alex Strub, Suzanne van Oosten, Rudolf Velhagen, Liv Wiemann und Rena Zulauf.

Interessenskonflikt Der/die Autor*in hat keine relevanten Interessenskonflikte im Zusammenhang mit dieser Publikation.

Inhaltsverzeichnis

Über den Autor

Fotografin: Angelika Annen

Stefan Bannwart hat langjährige Erfahrung in internationaler Unternehmenskommunikation und in der Beratung von Führungskräften, die er auf dem Weg zu einer authentischen, überzeugenden und erfolgreichen Kommunikation unterstützt. Basierend auf dieser Erfahrung und den im vorliegenden Buch dargelegten Konzepten hat er sein Ausbildungsprogramm „Authentic Leadership Communication" kreiert. Es vermittelt die Kommunikationskompetenzen, die es in einer Leadership-Rolle braucht.

Vor der Gründung eines eigenen Beratungsunternehmens 2008 war er in leitenden Positionen bei diversen internationalen Unternehmen und bei einer großen Kommunikationsagentur tätig.

Stefan Bannwart verfügt über ein Lizentiat in Ökonomie der Universität Basel und ein MBA in International Luxury Brand Management der ESSEC, Paris. Er befasst sich seit vielen Jahren mit analytischer Psychologie und hat eine Coachingausbildung in der Methode „Personnages-Talents" am gleichnamigen Institut in Paris gemacht. Er spricht Deutsch, Französisch, Englisch und Italienisch.

Teil I

Warum man authentisch sein soll: Konzepte und Psychologie

1

Who else?

1.1 Die Meister der Täuschung

Man bewundert sie für die Fähigkeit, in alle möglichen und unmöglichen Rollen zu schlüpfen. Sie verwandeln sich in die unterschiedlichsten Figuren, sie erwecken auf überzeugende Weise die klassischen Helden des Theaters oder der Literatur zum Leben und sie lassen sogar die großen Protagonisten der Weltgeschichte vor unseren Augen wieder in ihren Dramen aus manchmal längst vergangenen Zeiten agieren. Schauspieler leben davon, uns Dinge glauben zu machen, die nicht real sind. Sie bringen uns Geschichten, Emotionen, Konflikte, Entscheide, Handlungen und Seelenzustände von Personen näher, die nicht wirklich existieren. Obwohl es sich nur um eine Inszenierung handelt, kaufen wir ihnen diese in ihrer Professionalität ab. Das ist quasi ein kommunikativer Extremfall – und es scheint das pure Gegenteil von authentischer Kommunikation zu sein. Wer also ist besser geeignet für einen Einstieg in unser Thema?

Wenn wir uns fragen, welche Schauspieler oder Schauspielerinnen uns auf der Bühne, der Leinwand oder dem Bildschirm besonders beeindrucken, so stoßen wir sicher auf die Virtuosen ihres Fachs. Solche

S. Bannwart, *Authentisch kommunizieren*,
https://doi.org/10.1007/978-3-662-72818-5_1

Schauspieler verschwinden oft komplett hinter ihrer Rolle, man erkennt sie in der gespielten Figur nicht oder kaum mehr wieder. Das ist große Kunst. Solche virtuosen Schauspieler werden für ihre Fähigkeiten anerkannt und bewundert, manchmal werden sie sehr berühmt und steigen zu eigentlichen Stars auf. Aber sie erreichen kaum je den Status der ganz großen Ikonen und meist sind sie auch nicht unsere Favoriten.

Denn wenn wir die Megastars und die alle überragenden Publikums- und Kassenlieblinge unter den Schauspielern anschauen, zu denen etwa die Legenden des goldenen Hollywoods gehörten, so finden wir in aller Regel eine Eigenschaft bei ihnen, die in deutlichem Gegensatz zu den vorher beschriebenen begabten Virtuosen der Kunst steht. Diese Schauspieler haben alle etwas gemeinsam: Sie geben uns Zuschauern das Gefühl, dass sie ganz unabhängig von ihrer Rolle letztlich immer sich selber spielen.

Man kann einwenden, dass das vor allem daran liegt, dass die ikonischen Superstars auf bestimmte Genres und Rollentypen festgelegt sind, wie es beispielsweise im klassischen Hollywood ein John Wayne war, der als der Westernheld schlechthin galt und heute noch gilt. Doch wurde John Wayne nicht gerade deshalb zum archetypischen Westernheld, weil das so gut zu ihm passte?

Ein weiteres Gegenargument mag die Publizität sein, mit der diese Superstars und ihre Werke vermarktet werden. Sie werden auch als Menschen in einer Weise gezeigt, die das Rollenbild verstärkt. So gibt es in der Kinogeschichte immer wieder Schauspieler, die als Actionstars berühmt dafür waren, ihre spektakulären Stunts selber zu machen. Das ist ein beliebtes Thema, das sich auch außerordentlich gut für das Vermarkten der Filme eignet. Der in dieser Kategorie wohl bekannteste Superstar der letzten Jahrzehnte ist der Schauspieler Tom Cruise. Man kann auf YouTube Making-of-Videos sehen, wie er für einen Film am höchsten Gebäude der Welt herumklettert oder liest darüber, dass er extra Helikopter fliegen lernt, um atemberaubende Flugszenen selber drehen zu können, dies alles obwohl der Film für solche Sequenzen mit computergenerierten Bildern arbeiten oder einfach einen Stuntman bzw. einen professionellen Piloten einsetzen könnte. Aber so kommen sich Schauspieler und Rollenfigur in unserer Wahrnehmung sehr nahe, und die Wechselwirkung dient ihrem Status und ihrem Erfolg.

Solchen Extremsituationen wie in diesem Beispiel liefert sich der Schauspieler wohl nur dann aus, wenn er dies auch wirklich will, und wenn es ihm als Menschen entspricht. So können wir davon ausgehen, dass der als Beispiel aufgeführte Tom Cruise ausgesprochene Freude an waghalsigen sportlichen Aktivitäten, am Beherrschen aller möglicher Fahr- und Flugzeuge in wahnsinnigem Tempo, ja an Adrenalinkicks überhaupt hat – und er muss frei von Höhenangst sein. Anderenfalls wäre diese auf die Spitze getriebene Doppelinszenierung von Rolle und Schauspieler als unerschrockener Actionheld wohl kaum zu schaffen.

1.2 George

Auch in der Werbung wird die Kongruenz von Rollenbild und persönlichen Charakteristiken von Schauspielern gerne genutzt. Nehmen wir eines der prominentesten Beispiele mit einem anderen globalen Superstar, mit George Clooney. Ob Sie gerne Kaffee trinken oder nicht, alle kennen Nespresso. Diese enorme Bekanntheit der Marke wurde nicht zuletzt dank der Werbung für den Kapselkaffee erreicht, in der der Schauspieler seit 2006 als Markenbotschafter fungiert. Bei seinem Auftritt für Nespresso wird die Grenze zwischen der Person George Clooney und der Figur, welche er darstellt, bewusst aufgelöst. Das wird durch die Verwendung von echten Attributen aus seinem Leben noch verstärkt. So wird er zu George, dem Protagonisten der Werbung, der mit ihm den Namen teilt, er ist elegant gekleidet, wie man George Clooney auch sonst aus den Medien kennt, oder er wird am Comer See gezeigt, wo der Schauspieler seit Längerem eine Villa besitzt, was so bekannt ist, dass die ganze Region touristisch davon profitiert (Abb. 1.1).

Zur Nespresso-Kampagne gehört eine Serie unterhaltsamer Werbespots, in denen ironisch mit dem Star-Image von George Clooney gespielt wird. Es gibt einen Spot, in dem er von anderen Menschen nicht erkannt wird, obwohl er selber als berühmter Filmstar ganz selbstverständlich davon ausgeht. In einem anderen flirtet man nur mit ihm, um leichter eine Tasse Nespresso-Kaffee zu erhalten und nicht etwa, um ihm näher zu kommen. Oder, ein drittes und letztes Beispiel, er hört eine Damenrunde eine Reihe schmeichelhafter Adjektive aufzählen, und

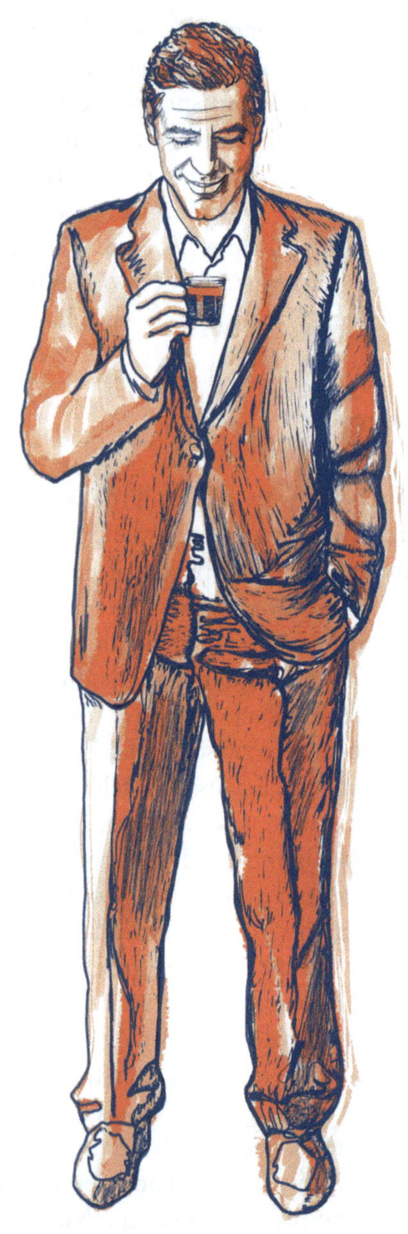

Abb. 1.1 George (© S. Bannwart. All rights reserved)

glaubt, sie gelten ihm, muss dann aber herausfinden, dass sie sich auf den Kaffee beziehen. Die Pointen dieser kurzen Geschichten unterlaufen ironisch George Clooneys Image als charmanter Verführer, stellen ihn aber auch als humorvollen Menschen dar, der sich selber nicht allzu ernst nimmt – ganz im Einklang mit unseren Erwartungen. Bei diesen Spots haben wir das Gefühl, dass er sich selber spielt.

Ein solcher Einsatz eines prominenten Schauspielers, der in einer Werbekampagne also gleichsam sich selber verkörpert, gelingt deshalb, weil wir glauben, den Menschen, der dahintersteht, zu kennen. Tun wir das denn? Kaum einer von uns kennt George Clooney persönlich. Sollten wir es folglich nicht besser wissen, ganz besonders, weil es sich ja um einen hochprofessionellen, Oscar-dekorierten Schauspieler handelt? Es ist ja gerade sein Job, Rollen zu verkörpern und uns etwas vorzuspielen. Aber würden die Nespresso-Kampagnen funktionieren, wenn im George der Werbung nicht eine mehr oder minder hohe Dosis des Menschen George Clooney stecken würde – wer immer das genau ist?

1.3 Cary Grant sein

George Clooney, unser Nespresso-Held, wurde schon wiederholt mit einem berühmten Vorgänger verglichen, etwa mit der folgenden Formulierung: „Ist George Clooney der neue Cary Grant?“ Unter diesem Namen wurde der englische Schauspieler Archie Leach einer der größten Kinostars des 20. Jahrhunderts. Er war ähnlich wie der vorher schon erwähnte John Wayne eine der ganz großen Legenden aus der goldenen Ära Hollywoods, und wie dieser die wahrscheinlich ultimative Verkörperung des Westernheldens darstellte, tat es Cary Grant als Held der romantischen Komödie. In unzähligen Filmen spielte er den charmanten, stilvollen und unwiderstehlichen Leading Man und wurde so zum Inbegriff eines Rollencharakters, der Generationen später in ähnlicher Weise von George Clooney ausgefüllt wurde. Ausgerechnet Cary Grant hat das hier diskutierte Spannungsfeld der Wahrnehmung von Rolle und Person einmal höchst präzise und witzig so formuliert:

„Everybody wants to be Cary Grant. Even I want to be Cary Grant.“[1]

Die Selbstironie, die in dieser luzide geäußerten Selbsteinschätzung liegt, kommt uns natürlich sehr sympathisch vor. Auch wenn wir nicht wissen, wie groß die Diskrepanz zwischen Rolle und Person wirklich war, sehen wir, dass sich der Schauspieler ihrer klar bewusst ist. Heute könnte sich George Clooney in ähnlicher Art über den George aus der Nespresso-Werbung äußern. Und wir wissen auch nicht, wie groß bei seiner sorgfältigen Selbstinszenierung on- und off-screen Cary Grants Aufwand dafür war, Cary Grant zu sein. Jedenfalls stand und steht den Hollywoodstars alle nur erdenkliche professionelle Hilfe für ihre Inszenierung zur Verfügung, angefangen von Agenten, Produzenten, Screenwriters, Make-up-Artists, Kostümbildnern, Stylisten, Coiffeuren, Barbieren, Fitness- und Ernährungsberatern, den besten Fotografen und Regisseuren, den schon erwähnten Stuntmen bis hin zu einer Armada von PR-Experten – man möge mir verzeihen, wenn ich eine bestimmte Kategorie ausgelassen habe. Und während Cary Grant und John Wayne noch in einer analogen Epoche lebten, kommen für Tom Cruise und George Clooney, die im digitalen Zeitalter sind, noch viele Möglichkeiten und Kanäle der Inszenierung hinzu, von moderner Bildbearbeitung bis zu Social Media.

Aber mit den Möglichkeiten steigt auch der Aufwand. Alleine dieser bietet schon ein gewichtiges Argument für authentisches Leben und authentisches Kommunizieren: Alles andere ist schlicht zu anstrengend, zu aufwendig und zu mühsam – noch mehr so in einem Alltagsleben, das weit weg von Hollywood und seinem Instrumentarium liegt. Was würde geschehen, wenn wir permanent vorgeben würden, etwas zu sein, was wir nicht sind, wenn wir in einer Weise kommunizieren wollten, die uns nicht wirklich entspricht, wenn wir dauernd behaupten würden, Dinge zu können, die wir gar nicht beherrschen – oder dann für einen kurzen beruflichen Einsatz einmal schnell Helikopter fliegen lernen müssten?

1.4 In Einklang mit sich selbst

Vor allem aber sehen wir, dass die Wirkung eines Menschen dort am größten ist, wo er sich selber am nächsten kommt. Denn wir scheinen ein ausgeprägtes Gespür dafür zu haben, ob jemand in Einklang mit seinem eigentlichen Wesen ist und auftritt. Und das gilt offenbar, wie die Schauspielstars zeigen, selbst in diesem Extremfall, bei Leuten, denen wir noch nie persönlich begegnet sind, die auf allerhöchstem Niveau dafür ausgebildet, dafür berühmt oder manchmal sogar ausgezeichnet sind, uns glaubhaft eine Inszenierung vorzuspielen, und denen enorme Mittel zu dieser Inszenierung zur Verfügung stehen. Sie überzeugen uns dann am meisten, wenn wir meinen, bei ihnen so etwas wie einen inneren Kern und in ihrem Auftritt eine Kongruenz zu diesem wahrzunehmen. Das aber heißt, wir spüren selbst bei ihnen, den Meistern der Täuschung, so etwas wie Authentizität.

Und das tun wir trotz und wegen der Inszenierung, die bei Schauspielern sowohl in der Ausübung ihrer Tätigkeit und in ihrer Vermarktung ja ein notweniger Teil ist. Ihr Beispiel zeigt uns auch, dass der Einsatz von Mitteln der Inszenierung nicht unbedingt der Authentizität im Wege steht, und umgekehrt, ihr Weglassen noch keine Garantie für diese ist. Picken wir zur Anschauung ein Element heraus, das Schauspieler mit vielen Menschen (in unserem Kulturkreis wohl meist Frauen) im Leben gemeinsam haben: die Verwendung von Make-up. Je nachdem wie es angewandt wird, kann es den Menschen in eine völlig andere Person verwandeln, bis zur völligen Unkenntlichkeit dessen, der es trägt. Oder aber das Make-up kann die Züge, und vielleicht auch das Wesen, eines Menschen besser hervorbringen und sichtbarer machen. Und unter dem gleißenden Licht einer Bühnenbeleuchtung ist es sogar notwendig, damit man die Person und ihren Ausdruck überhaupt erkennt.

Wer sonst als man selbst soll man denn sein? Doch will man sich selber sein, muss man auch wissen, wer man ist. Offenbar verlangt Authentizität ein gewisses Maß an Bewusstsein oder sie führt zu mehr Bewusstsein. So mussten unsere Schauspielstars ihre spezifischen Genres und Rollentypen finden, sie mussten sich ihrer selbst und ihrer Positionierung bewusst werden. Dazu gehörte zu erkennen, mit was sie am besten in Einklang standen: Das ist die Basis, auf denen ihnen der ganz große Erfolg gelungen ist.

Gemäß eingängiger Lesart, wie auch wir sie hier verwendet haben, wollte der Schauspieler mit „Even I want to be Cary Grant" ausdrücken, dass auch er gerne dem – von ihm selber mitinszenierten – Idealbild seiner Rollen entsprechen möchte, so wie es die Kinobesucher und die Öffentlichkeit sahen. Doch es gibt für das Zitat noch eine andere, zusätzliche Interpretation. Vielleicht wollte Cary Grant damit ebenfalls die

Möglichkeit andeuten, sich noch mehr zu seinem eigentlichen, in seinem Innern angelegten Wesen hin entwickeln zu wollen. So verstanden würde er mit seinem Satz sagen, dass er zu dem werden will, was er schon in sich trägt – und damit eine personalisierte, moderne Version alter philosophischer und psychologischer Weisheiten ausdrücken. Diese werden wir im nächsten Kapitel besprechen.

Fragen für persönliche Überlegungen an die Leserin und den Leser

- Welche Schauspielerinnen/welche Schauspieler beeindrucken Sie am meisten? Wer sind Ihre Lieblinge? Warum?
- Schlüpfen Sie manchmal in fremde Rollen und spielen anderen Menschen etwas vor? In welchem Zusammenhang kommt das vor?
- Gibt es in Ihrem Umfeld Menschen, die Sie als besonders authentisch wahrnehmen, oder umgekehrt als besonders unauthentisch? Wie wirken diese Menschen auf Sie?
- Wie gut kennen Sie sich selbst?

Was Sie aus diesem Kapitel mitnehmen können

- Wir nehmen bei Menschen so etwas wie einen inneren Kern wahr. Das gilt selbst in so extremen Fällen wie bei Schauspielern, die es schaffen, in fremde Rollen zu schlüpfen und uns als Zuschauer dazu bringen, erfundene Geschichten zu glauben.
- Die erfolgreichsten Schauspieler, wie die Legenden des goldenen Zeitalters Hollywoods, schaffen es, ihre Rolle so mit ihrem Kern zu verbinden, dass man den Eindruck bekommt, sie spielten letztlich sich selbst.
- Was wir bei diesen Schauspielstars sehen, gilt in der Kommunikation für uns alle. Je näher unser Auftritt beim Kern (von uns als Mensch oder von unserer Botschaft) liegt, desto größer ist die Wirkung.
- Wenn wir überzeugen wollen, müssen wir im Einklang mit uns selbst sein. Wir müssen uns also selbst kennen, um zu wissen, was wirklich zu uns passt.

Internetquellen

1. Preston, John (2005) Even I want to be Cary Grant, The Telegraph, unter: https://www.telegraph.co.uk/culture/books/3638227/Even-I-want-to-be--Cary-Grant.html. Zugegriffen 30. Aug. 2020

2

Der Kern und der Weg

2.1 Dichter, Denker und Androiden

Die Szene hat etwas Schauerliches. Mit einem speziellen Code betritt der Mann den abgelegenen Lagerraum und nähert sich dem einzigen Gegenstand, einer länglichen, truheähnlichen Box. Er klappt ihren Deckel auf und öffnet langsam den Reißverschluss der feucht beschlagenen Plastikhülle, in die der Inhalt der Truhe verpackt ist. Zum Vorschein kommt, wir haben es geahnt, ein menschlicher Körper. Doch bei genauem Hinsehen stellen wir fest, dass es sich nicht wirklich um einen Menschen handelt. Ganze Teile des Körpers bestehen aus einer Art Skelett in einem schwarzen High-Tech-Material mit einer komplexen Mechanik. Das Gesicht ist in verschiedene Teile aufgeklappt, ähnlich einem Helmvisier, und gibt den Zugang zum Inneren des Kopfes frei. Nun nimmt der Mann etwas aus seiner Jackentasche und bewegt dieses Objekt in Richtung des Androiden. Wir erkennen, dass es sich um eine golfballgroße schwarze Kugel handelt. Da fährt ein kleiner Greifarm aus dem Kopf des Androiden, packt die Kugel mit einer Fassung und zieht sie in das Innere. Die Visierteile des Gesichts schließen sich zusammen und verschmelzen

S. Bannwart, *Authentisch kommunizieren*,
https://doi.org/10.1007/978-3-662-72818-5_2

nahtlos zu einer Einheit. Wir haben nun das Antlitz einer schönen Frau vor uns, die kurz darauf zu atmen beginnt.

Dichter und Denker haben es seit jeher verstanden, uns Ideen und Konzepte zu vermitteln, wobei die Dichter unter den Denkern dies oft auf verständlichere und sicher auf unterhaltsamere Weise tun. Vielleicht sind sie, aufgrund ihres künstlerischen Wesens, auch bessere Seismografen für Dinge, die besonders im Zeitgeist oder erst im Kommen sind. Die modernen Dichter unserer Epoche sind bevorzugt als Schöpfer von Fernsehserien tätig. Eine solche Serie, die sich einer möglichen zukünftigen Welt widmet, ist das 2016 gestartete *Westworld*, aus der die oben geschilderte Szene stammt. Die Serie basiert auf dem gleichnamigen Film von 1973 des amerikanischen Autors Michael Crichton, der neben vielem anderem auch das Buch zu *Jurassic Park* verfasst hat. Die neue Westworld-Serie spinnt seine Ideen weiter und zeigt uns einen futuristischen Vergnügungspark, in dem Menschen mit von Menschen gebauten Androiden interagieren. Diese Androiden versuchen, sich zu emanzipieren, führen schließlich einen Aufstand gegen ihre Schöpfer durch und brechen aus dem Vergnügungspark in die reale menschliche Welt aus.

Anhand von solchen fiktiven Werken, in deren Zentrum Androiden oder Roboter stehen, lässt sich äußerst anschaulich über den Menschen nachdenken, da sich der Mensch in ihnen spiegelt, und zwar auf dramatisch zugespitzte Weise. In der Geschichte dieser Androiden, ihrer Erschaffung und Programmierung durch den Menschen, der die Rolle des Schöpfers einnimmt, und ihres wechselseitigen Verhältnisses wird eine breite Palette an grundlegenden Fragen aufgeworfen: Was ist (menschliches) Leben? Was macht einen Menschen aus? Was ist Empfindung und Bewusstsein? Wie weit sind wir frei, wieweit vorbestimmt (programmiert)? Was ist das Verhältnis von Schöpfer und Geschöpf? Was ist ein ethischer Umgang mit anderen Individuen? Wohin führt uns künstliche Intelligenz?

2.2 Die Idee vom Kern

Und natürlich finden wir auch Anregungen zu unserem Thema im engeren Sinn, deshalb interessiert uns diese vieldiskutierte Serie hier speziell. Die Androiden, die in Westworld gezeigt werden, lassen sich, wenn ihre

Skelettstruktur verdeckt und mit Haut überzogen ist, rein äußerlich auf keine Weise von echten Menschen unterscheiden. Im Laufe der Serie sehen wir jedoch in ihr Inneres, was durchaus auch physisch gemeint ist, so etwa in der eingangs beschriebenen Szene. Die kleine Kugel in ihrem Kopf, von deren Existenz wir während der Serie erfahren, enthält alle persönlichen Informationen und die ganzen Programmierungen, sie kann entfernt und sogar in einen anderen Körper eingesetzt werden. Das ist eine drastische, plakative Darstellung unserer Vorstellung von der Existenz eines Kerns, der die Persönlichkeit und, womöglich, die Seele eines Wesens enthält – hier projiziert auf ein Geschöpf des Menschen selber, das dieser als sein eigenes Abbild geschaffen hat.

Aber in Westworld gehen die Parallelen noch weiter. So wird jedem Androiden, der im Vergnügungspark jeweils eine bestimmte Rolle zu spielen hat, ein sogenanntes Narrativ einprogrammiert, eine grundlegende Lebensgeschichte und -aufgabe. Nach ihm wird sich sein Verhalten ausrichten. Der Leiter und Erfinder des Vergnügungsparks versucht die Androiden sogar so zu programmieren, dass sie zu eigenem Empfinden und einem eigenen Bewusstsein gelangen – wir werden später noch sehen, wie er das machen will. Er spielt damit quasi, in übertragenem Sinn, Gott.

Nun haben wir gesagt, dass die Art, wie man sich die Androiden in Westworld ausgedacht hat, letztlich eine Vorstellung vom Menschen reflektiert. Wir finden also in einer aktuellen Science-Fiction-Serie eine exemplarische Darstellung der Idee, dass der Mensch das alles hat: einen Kern, der in seinem Innern steckt, und einen Drang, sich auf seinen eigenen Weg zu machen und zu verstärktem Bewusstsein zu gelangen.

2.3 Die alten Griechen

Aber natürlich sind solche Ideen nicht neu. In unserem Kulturkreis tauchten sie bereits zur Zeit der vorsokratischen Denker und Dichter auf, und diese haben sie schon damals in prägnanter, noch heute mustergültiger Art formuliert. Wenn im antiken Griechenland jemand nach Delphi reiste, um beim berühmten Orakel um Rat zu fragen, so begegnete er am dortigen Tempel des Gottes Apollo der folgenden Inschrift:

„Gnothi seauton“, deutsch „Erkenne dich selbst!“. Diese apollinische Weisheit wird auf Chilon von Sparta, einen der Sieben Weisen der vorsokratischen Epoche, zurückgeführt. Die Idee, dass in uns Menschen ein Kern angelegt ist, dessen wir uns im Laufe unseres Lebens bewusst werden und zu dem hin wir uns entwickeln sollen, findet sich im Abendland also schon bei den alten Griechen.

Dem Aphorismus in Delphi verwandt ist die bekannte, dem griechischen Dichter Pindar (522 oder 518 v. Chr. bis 446 v. Chr.) zugeschriebene Formulierung „Werde, der du bist!“. Auch dieser Satz hat immer wieder große Philosophen und Denker beeinflusst – die hier zitierte deutsche Übersetzung des griechischen Originals soll von Friedrich Nietzsche stammen – und klingt bis heute nach. Bereits die antiken, aber auch spätere Philosophen haben sich intensiv mit diesen beiden Leitsätzen und mit den mit ihnen verbundenen Themenkreisen befasst, sie ausgelegt und weitergedacht. Entsprechend haben sie weitreichende Auswirkungen auf das abendländische Denken bis in unsere moderne Epoche.

Das trifft speziell auf die Entwicklung psychologischer Theorien und Ansätze der Neuzeit zu. Nehmen wir Pindars Aufforderung „Werde, der du bist!“ aus dieser Perspektive unter die Lupe. Sie enthält eine Reihe grundlegender Vorstellungen, die sich aus ihr folgern lassen. Dazu gehört:

- dass man jemand bestimmter und nicht jemand beliebig anderer ist,
- dass es möglich ist, zu erkennen, wer man ist,
- und dass man sich in diese Richtung entwickeln kann und soll [6].

Diese Vorstellungen umschreiben, in moderner psychologischer Sprache ausgedrückt, die Idee, dass es im Menschen einen inneren Kern bzw. ein wahres Selbst gibt, dass sich dieses vom bewussten Ich unterscheidet, und dass uns dieses Selbst zu einem einmaligen Individuum macht, das einzigartig ist [6].

Eine solche Formulierung der in den alten griechischen Weisheiten angelegten Ideen ist erst möglich, seit die moderne Psychologie zwischen Bewusstem und Unbewusstem unterscheidet, seit sie sich mit dem Unbewussten wissenschaftlich befasst, und seit sie im Laufe der Zeit auf dieser Basis Modelle zu einer differenzierten Betrachtung der menschlichen

Psyche geschaffen hat. Erst dadurch können wir überhaupt in Begriffen wie „Ich“ und „Selbst“ denken und sprechen.

2.4 Carl Gustav Jung

Viele moderne Konzepte, die heute unser Denken beeinflussen, und die wir für gleichsam natürlich gegeben betrachten, sind auf Carl Gustav Jung (1875–1961) zurückzuführen. Der Schweizer Psychiater arbeitete, teils als Mitstreiter und Nachfolger von Sigmund Freud, an der Entwicklung und Weiterführung der Psychoanalyse. Er begründete eine wichtige eigene psychoanalytische Schule, die sogenannte Analytische Psychologie oder Tiefenpsychologie, und wurde zu einem der großen Denker des 20. Jahrhunderts.

Beispiele für Konzepte, die auf Jung zurückgehen, sind etwa die Definition von Persönlichkeitstypen, auf deren Grundlage viele psychologische Tests funktionieren, wie sie heute tagtäglich verwendet werden. Gleiches gilt für in unserer Zeit geläufige Ausdrücke wie Archetypen, kollektives Unbewusstes, Komplexe und Projektionen oder für die Gegenüberstellung des Begriffspaars introvertiert vs. extrovertiert, und für viele mehr. Solche Konzepte und Begriffe werden in unserer Zeit alltagssprachlich verwendet, und viele Menschen wissen gar nicht mehr, dass sie eigentlich von Jung stammen bzw. in ihrer heutigen, psychologischen Bedeutung von ihm eingeführt oder geprägt wurden. Jungs reiches und produktives Denken wirkt nicht nur in der Psychologie und bei diversen psychologischen Theorien nach, sondern weit darüber hinaus [6]. Man kann also sagen, dass jungsche Ideen in vielem mehr enthalten sind, als allgemein bekannt ist.

Aufgrund von Jungs breitem Interessen- und Tätigkeitsfeld und seinen umfassenden Ideen eignen sich seine Psychologie und seine Konzepte weit über therapeutische Zwecke hinaus zum grundlegenden Verständnis des Menschen und seiner Handlungen, Ansichten und Emotionen. Das ist gerade auch für die menschliche Kommunikation und ihre Wirkungsmuster von Bedeutung. Wir werden Jung deshalb noch mehrere Male begegnen. An dieser Stelle wollen wir auf ein zentrales Konzept seiner Psychologie eingehen, das ganz besonders mit Authentizität zu tun hat und das von vielen Jung-Kennern für sein bedeutendstes gehalten wird: die Individuation. Mit diesem Konzept führt Jung in seinem Werk, mit seinen Theorien und mit seinem Modell der menschlichen Psyche den alten und, wie wir gesehen haben, schon im antiken Griechenland formulierten Gedanken eines Kerns, zu dem hin wir uns entwickeln, weiter.

2.5 Die Individuation

Der Individuationsprozess soll den Menschen den Weg hin zu ihrem wahren Selbst zeigen, und mit ihm soll man während seines Lebens immer mehr der oder die werden, die wir wirklich sind. Dabei werden wir laufend echter und stimmiger mit uns selbst. Das wiederum ist die Basis für ein gesundes und als sinnvoll erfahrenes Leben [3]. Schauen wir uns einige wesentliche Elemente des Individuationskonzeptes bei Jung eingehender an:

- *Individuation ist ein Prozess und ein Ziel:* In diesem Prozess findet eine dauernde Auseinandersetzung von Bewusstem und Unbewusstem statt, und es zeigen sich zwischenmenschliche Beziehungsmuster und Spannungen. Der Mensch wird in diesem Prozess zu einem Individuum, das eine eigenständige und ungeteilte Einheit ist. Letztlich geht es darum, ganz zu werden. Diese Ganzheit stellt den höchsten Begriff dar und beschreibt das Ziel des Individuationsprozesses.
- *Individuation beinhaltet sowohl Integration als auch Abgrenzung:* Das Unbewusste wie auch die Auseinandersetzung mit der Umwelt können die Anregung zu dieser Integration geben. Sie beinhaltet die unterschiedlichen Seiten, die zu einem Menschen gehören. Neben der Integration findet auch eine Abgrenzung statt. Darin geht es um das Erlangen von Autonomie und Freiheit. Dazu gehört auch die Auseinandersetzung mit Rollen, Normen und Autoritäten. Auf dieser Basis wird es für den Menschen möglich, sein eigenes Leben zu leben.
- *Individuation führt zu Selbsterkenntnis:* Indem der Mensch seine eigene Beziehung zu seinem Unbewussten, seinen Mitmenschen und der Umwelt erforscht, wird er sich seiner Einmaligkeit bewusst. Er lernt seine verschiedenen Seiten kennen und kann sie zu einem Bild seiner selbst verbinden.

- *Individuation fördert und regelt Beziehungen:* Mit dem Prozess der Individuation kann der Mensch Autonomie und Freiheit erlangen, aber auch eine höhere Beziehungsfähigkeit. Dabei realisiert er auch die wechselseitige Abhängigkeit der Menschen voneinander, und dass er seine Identität vielleicht nur durch wiederholte Wahrnehmung durch andere Menschen erreichen kann.
- *Individuation ist sinnstiftend:* Zwar ist das Ziel der Individuation – das Ganzwerden – letztlich nie vollständig erreichbar. Aber der Prozess, mit dem der Mensch auf diesem Weg ist, erfüllt das Leben mit Sinn [3, 5].

Jung sieht den Weg der Individuation auch als eine Bewusstseinsentwicklung, in deren Verlauf immer höhere Stufen erreicht werden [5]. Unter Individuation kann also ein lebenslanger Prozess verstanden werden. Allerdings schreibt man ihm für die zweite Lebenshälfte noch mehr Gewicht zu als für die erste. Das hat damit zu tun, dass in der ersten Lebenshälfte auch diverse andere Entwicklungsthemen für den Menschen bedeutsam sind, so wie die Frage nach seiner Position und seinem Wirken in der Welt: Aufwachsen, Abkoppeln von den Eltern, Ausbildung, berufliche Laufbahn, Familiengründung usw. Demgegenüber wird mit fortschreitendem Alter des Menschen die Entwicklung, die sich in seinem Innern abspielt, für ihn immer wichtiger.

Mit dem Konzept der Individuation wurde Jung zu einem Vordenker und zu einer Referenzfigur für das Thema Authentizität, und mit ihm hat er maßgeblich zur großen Bedeutung, die wir der Authentizität heute beimessen, beigetragen. Doch die Idee vom Kern, der in uns steckt, und vom Weg, den wir gehen, um ihn zu erkennen und zu erreichen, findet sich nicht nur bei den alten Philosophen und den modernen Psychologen – sie steckt bereits in den großen Mythen der Menschheit.

2.6 Mythen

Menschen lieben Geschichten und Bilder, und wir haben schon vorher dafür plädiert, den Dichtern und Künstlern manchmal den Vorrang vor den Denkern zu lassen (wobei es natürlich auch viele Kombinationen dieser Rollen und Charakteristiken gibt). Nicht umsonst werden uns große Weisheiten schon seit Menschengedenken in der Form von Bildern und Geschichten überliefert und erzählt. Bei den Geschichten fand das zuerst mündlich statt, später dann in Schriftform. Und die Schrift selber ist aus Zeichen und Bildern entstanden. Die zur Individuation passende Geschichte ist ein alter Mythos, die Heldenreise. Und das zur Individuation passende Bild ist ein altes Symbol, das Labyrinth. Wir sehen uns beides näher an und beginnen mit der Heldenreise.

Beim Individuationsweg scheint es sich um eine universelle Idee zu handeln, die sich auch in den Mythen, Märchen und Geschichten der Menschheit wiederfindet – und heute im Kino, auf Netflix oder im Videogame. Das bringt viele Menschen, und gerade auch Psychologen, dazu, sich mit der Interpretation solcher Geschichten zu befassen. Ein bedeutender und berühmter Beitrag stammt von dem amerikanischen Mythenforscher Joseph Campbell. In der Mitte des letzten Jahrhunderts formulierte Campbell, inspiriert von Jungs Denken, auf der Basis umfassender Studien von Mythen aus aller Welt seine typisierte Heldenreise [2].

Diese Heldenreise ist ein Ablauf von universellen Motiven, der sich quer durch Kulturen und Zeiten zeigt. Er behandelt den Weg eines Menschen und die Abenteuer und Prüfungen, die das Leben mit sich bringt und denen sich der Mensch stellen muss, um sich zu entwickeln, zu sich selbst zu finden und ganz zu werden – kurzum den Individuationsprozess Jungs, aber erzählt mittels einer Heldengeschichte. Doch obwohl solche Geschichten jeweils spezifisch auf einen bestimmten Helden bezogen sind, in einem bestimmten kulturellen Kontext und Setting spielen, in einer jeweils eigenen Sprache erzählt werden und in mehr oder weniger großem Maße mit eigenen Details, Farben und Tönen ausgestaltet sein können, folgen sie doch, universell, einem analogen Muster: Sie sind archetypisch.

2.7 Helden

Die archetypische Heldenreise läuft in klassischen Schritten ab, die gekürzt etwa folgendermaßen zusammengefasst werden können [7]. Zu Beginn lebt der Held in einer gewöhnlichen Welt, wird dann aber in eine ihm unbekannte, mysteriöse Welt gerufen. Zuerst weigert er sich, die Reise überhaupt anzutreten. Ist er dann aber doch einmal auf dem Weg, erhält er Hilfe von einem Mentor, der ihn auch mit wichtigen Hilfsmitteln ausstattet. Der Held überschreitet nun eine wichtige Schwelle: Er verlässt seine bekannte Welt und tritt in eine ihm noch unbekannte ein. In der Folge muss er sich verschiedenen Prüfungen unterziehen. In diesem Prozess erreicht er irgendwann einen Tiefpunkt, er muss definitiv die alte Welt, aus der er kommt, hinter sich lassen und bereit für seine eigene Transformation sein. Dabei wird er auch Versuchungen ausgesetzt, und die Prüfungen werden zunehmend schwieriger. In einigen der Geschichten kommt es zum sprichwörtlichen Kampf mit dem Drachen. Ein weiteres Motiv, das in diesen Geschichten auftreten kann, ist die Versöhnung des Helden mit seinem Vater. Schließlich wird der Held transformiert, erhöht und erhält eine göttliche Belohnung. Nun muss er wieder in seine alte Welt zurückkehren. Bei dieser Rückkehr bringt er das Gewonnene mit. Er ist nun ein Meister zweier Welten [2].

Wenn man das hört, fallen einem natürlich sofort diverse Geschichten ein. Das können alte sein – schließlich wurden diese Elemente des Weges, den ein Held zu durchlaufen hat, ja sogar aus den ältesten Geschichten überhaupt, den Mythen, herausdestilliert. Aber sicher kommen auch Bilder aus neueren Geschichten hoch, wie wir sie vielleicht kürzlich im Kino oder in einer Fernsehserie gesehen haben. Das beruht darauf, dass die Heldengeschichte eben archetypischen Charakter aufweist: Es handelt sich um Grundmuster, die durch die Zeiten hindurch bestehen und die wohl in ferner Zukunft noch Gültigkeit haben werden. Sie sind also auch in den modernen Heldengeschichten zu finden.

Die Arbeit Campbells wurde sehr bekannt und hat inzwischen ihrerseits viele Künstler wiederum in der Gestaltung ihrer eigenen Werke inspiriert: Folgt man dem Ablauf der typisierten Heldenreise, wie sie von dem Mythenforscher beschrieben wurde, hat man gleichsam die Vorlage für eine gelungene Abenteuergeschichte. Ein bekanntes Beispiel ist der Filmemacher George Lucas, der das von Campbell aus den alten Mythen abgeleitete Grundschema als Basiskonzept für seine Star-Wars-Filme verwendete.

Indem wir dem Helden in diesen universell erzählten Geschichten, die im Grundsatz immer gleich oder ähnlich sind, auf ihrer Reise folgen, sehen wir auch das Muster einer Individuation vor uns, was uns hilft, unsere eigene, individuelle und persönliche Geschichte zu reflektieren. Unschwer kann man einzelne Motive aus dem Individuationskonzept Jungs erkennen, welches den Mythenforscher in seiner Arbeit stark beeinflusst hatte. Nehmen wir ein Beispiel, den Eintritt des Helden in die unbekannte Welt. Dies ist natürlich eine Darstellung für die Beschäftigung mit dem Unbewussten, der sich der Mensch in seinem Leben stellen muss. Wir haben bei der Beschreibung von Jungs Ideen bereits wiederholt auf die große Bedeutung hingewiesen, die der Auseinandersetzung des Menschen mit dem Unbewussten zukommt, und sogar gesehen, dass wichtige Anstöße für die Individuation direkt aus dem Unbewussten kommen können.

Die Reise selber – des Helden in der Geschichte, des Menschen in seinem Leben – führt aber nicht nur in eine fremde, unbekannte Welt, die psychologisch für das Unbewusste stehen kann. Sie zeichnet sich auch dadurch aus, dass ihr Weg alles andere als geradlinig verläuft, im Gegenteil. Dieser Weg ist gekennzeichnet von vielen Versuchen, von Windungen, Ungewissheiten, Irrungen und Wirrungen, von Vortasten und Rückzügen, ja Rückschlägen und Sackgassen, aber auch von mutigem Voranschreiten, von Gelingen, vom Eindringen in neue Gefilde und vom Annähern an einen Kern, von dem wir nicht wissen, wie er aussieht. Kurz: Der Weg ist labyrinthisch.

2.8 Labyrinthe

Das Labyrinth ist denn auch eines der ältesten Bilder der Menschheit [1, 4]. Es kommt aus einer Zeit, als die Menschen noch Nomaden waren, und die Welt wohl primär als Labyrinth erfuhren. Darstellungen von Labyrinthen gibt es seit Jahrtausenden, und man findet sie in den verschiedensten Kulturen. Sie kommen in alten Mythen vor, sie finden sich in Stein geritzt oder auf Wände gemalt. Labyrinthe sind in Architektur umgesetzt worden, oft um etwas in ihrem zentrum zu verbergen oder zu beschützen, wie Grabmäler im alten Ägypten, manchmal aber auch, um etwas darin einzuschließen, so wie in der berühmten homerischen Geschichte [4] vom Ungeheuer Minotaurus, das im Palast von Knossos auf Kreta von König Minos in einem extra für diesen Zweck gebauten Labyrinth gefangen war [2]. Dieses Labyrinth war vom genialen athenischen Ingenieur Dädalus konzipiert worden, dem Vater von Ikarus, der in dieser Geschichte auch eine – tragische – Rolle spielt. Bekannterweise ist Ikarus bei der Flucht aus Kreta trotz Warnung des Vaters mit den von diesem gefertigten Flügeln zu hoch geflogen und so der Sonne zu nahe gekommen. Darauf schmolz der Wachs, der die Federn der Flügel zusammenhielt, was zum Absturz des Ikarus führte.

Schaut man genauer hin, findet man überall Labyrinthe. Die Natur ist voll davon: Muscheln, deren Zeichnungen als Muster für frühe Abbildungen von Labyrinthen dienten, das Wurzelwerk von Bäumen, die Läufe von Flüssen. Der Mensch selber ist ein Labyrinth, physisch – man denke an die Bilder, wie ein Gehirn aussieht, an die Blutbahnen – aber auch psychisch, was wir spätestens seit der Entwicklung der modernen Psychoanalyse wissen. Sie hat das Unbewusste in den Vordergrund gebracht, und auch dort kann sich tief innen etwas verbergen, so wie das Ungeheuer in dem alten griechischen Mythos [1]. Labyrinthe haben religiöse und therapeutische Bedeutungen, sie können mentale Codes darstellen oder Rituale des Übergangs in einer Gesellschaft. Sie zeigen uns, wie sich das Leben bewältigen lässt. Im Zentrum des Labyrinths befindet sich ein heiliger Ort, und die Wege, die dorthin führen, sind wichtiger als die anderen. Die schwierigste Aufgabe als Mensch ist es, das eigene Zentrum zu finden, und so sind Labyrinthe bildhafte Darstellungen des Individuationsweges (Abb. 2.1).

Man kann die Darstellung von Labyrinthen auch als Botschaft betrachten, die uns heutigen, sesshaften Menschen von unseren nomadischen Vorfahren hinterlassen wurden, und die uns in einem Zeitalter helfen, in der das Leben in verschiedensten Bereichen wieder labyrinthisch zu werden scheint. Während einer bestimmten Zeitspanne glaubten die Menschen, sie könnten die Welt auf eine Weise gestalten, dass sie linear und transparent werde [1]. Zur Veranschaulichung vergleiche man etwa eine mäandernde mittelalterliche Stadt mit einer modernen, aus Stahl und Glas, mit ihrem rechtwinkligen Raster. Gab es, vor Erfindung des GPS, über die Jahrhunderte einen einzigen Besucher Venedigs, der sich nicht einmal in seinen labyrinthischen Gassen verloren hätte? Aber das Labyrinth kommt zurück, in alle möglichen Lebensbereiche. Das wohl größte vom Menschen geschaffene Labyrinth ist das Internet, und die passende moderne Unterhaltungs- und Kunstform, dem die Digital Nomads frönen, das Videogame, ist labyrinthisch aufgebaut [1].

Abb. 2.1 Labyrinth (© S.Bannwart. All rights reserved.)

Ganz allgemein ist jedes künstlerische Schaffen von labyrinthischer Natur und jedes Werk ist das Resultat einer labyrinthischen Reise. Ein Buch aufzuschlagen ist wie in ein Labyrinth einzudringen, und es zu lesen, bedeutet, es zu durchqueren. Die großen mythologischen Erzählungen – diejenigen der Heldenreise – sind alle Geschichten vom Durchqueren eines Labyrinths [1].

Auch moderne Fernsehserien sind labyrinthisch aufgebaut, mit ihren vielen Staffeln und Episoden, mit ihrer Vielzahl von Protagonisten und ihren vielen Erzählsträngen, in denen man sich leicht verliert, die einem manchmal im Kreise herumzuführen scheinen, und von denen man oft lange nicht weiß, welche die wirklich wichtigen sind, die die Geschichte schließlich weiter führen, hin zu ihrer Auflösung, zu ihrem Kern. Auch Westworld, die Serie, aus der wir zu Beginn dieses Kapitels eine Szene erzählt haben, kommt wie ein Labyrinth daher. Doch das Labyrinthische bei Westworld beschränkt sich nicht nur auf den Aufbau und die Erzählstruktur. Es gibt noch weitere Ebenen. Da ist einmal der Vergnügungspark, in dem sich die Menschen und die Androiden begegnen. Er stellt ein riesiges Labyrinth dar, in dem man sich leicht verlieren kann, räumlich, aber auch zeitlich, da die Szenen, die die Androiden, vorprogrammiert und geleitet durch ihr eingepflanztes Narrativ, immer wieder für die Besucher spielen, in repetitiven, aber auch sich verändernden Schleifen verlaufen, in denen man nicht immer weiß, wohin sie führen.

Entscheidend ist aber eine weitere, letzte Ebene. In der ersten Staffel, die passenderweise sogar den Titel "Das Labyrinth" trägt, sind verschiedene der Protagonisten, Menschen wie Androiden, in unterschiedlichen Handlungssträngen auf der Suche nach einem ominösen Labyrinth, das es im Vergnügungspark geben soll. Gegen Ende der Staffel wird das Rätsel aufgelöst. Der Chefingenieur und Erfinder des Parks erzählt einem in der Entwicklung hoch fortgeschrittenen Androiden – der Dame, die in unserem Kapitelanfang wiederbelebt wird – was es mit dem Labyrinth auf sich hat. Bewusstsein, so sagt er ihr, das er ja in den Androiden kreieren wollte, habe er lange für einen Weg aufwärts, wie hin zur Spitze einer Pyramide, gehalten. Dann aber habe er verstanden, dass Bewusstsein vielmehr das Resultat einer Reise ins Innere sei – eben wie in einem Labyrinth.

Dieses Labyrinth ist seit Jahrtausenden die perfekte Metapher für den gewundenen, oft langwierigen und schwierigen Weg, den der Mensch in seinem Leben geht, hin zu seinem Kern.

Fragen für persönliche Überlegungen an die Leserin und den Leser

- Wie weit sind Sie auf dem Weg, der zu werden, der Sie sind?
- Wann haben Sie das letzte Mal mit einem Drachen gekämpft? Welche Form oder welchen Ausdruck hatte dieser Drache? Kam er von außen oder aus Ihrem Inneren, und wie ist der Kampf ausgegangen?
- Verläuft Ihr Leben eher geradlinig oder eher labyrinthisch?
- Wie würden Sie ihre persönliche Heldengeschichte beschreiben?

Was Sie aus diesem Kapitel mitnehmen können

- Die Vorstellung von einem inneren Kern, über den der Mensch verfügt und zu dem hin er sich entwickelt, ist schon sehr alt. In der Philosophie wurde sie bereits von den Vorsokratikern postuliert ("Erkenne dich selbst"). Heute finden wir sie zum Beispiel in modernen Science-Fiction-Serien und Filmen durch die Art reflektiert, wie Androiden dargestellt werden, also vom Menschen nach seinem eigenen Abbild geschaffenen Robotern.
- Auch in der modernen Psychologie spielt diese Idee eine wichtige Rolle. Carl Gustav Jung, Pionier der Psychoanalyse und einer der größten Denker des 20. Jahrhunderts, beschrieb sie in seinem wichtigsten Konzept, der Individuation. Demnach ist die Entwicklung des Menschen hin zu seinem Kern und zur Erlangung von Ganzheit ein lebenslanger, sinnstiftender Prozess.
- Der Mythenforscher Joseph Campbell fand heraus, dass die bedeutenden Mythen der Menschheit aus allen Zeiten und Kulturen genau einen solchen menschlichen Entwicklungsweg erzählen. Er nennt sie die archetypische Heldenreise. Sie liegt allen großen Epen zugrunde (auch den modernen, wie wir ihnen heute im Kino oder den modernen Fernsehserien begegnen), und sie spiegelt unseren eigenen Weg hin zu unserem inneren Kern.
- Die Idee der Authentizität ist also nicht nur ein Postulat von Philosophen und Psychologen, sondern als uralte Weisheit in den ganz großen Geschichten aller menschlichen Kulturen enthalten.
- Am Beispiel der Mythen sehen wir, dass Konzepte und Ideen (wie unser Thema Authentizität) schon seit Menschengedenken durch Geschichten transportiert werden. Das können wir uns natürlich in unserer eigenen Kommunikation zunutze machen – wir werden in späteren Kapiteln verschiedentlich darauf zurückkommen.

Literatur

1. Attali, Jacques (1996) Chemins de sagesse: Traité du labyrinthe. Fayard, Paris, S. 29, 104, 146, 216
2. Campbell, Joseph (2008) The Hero with a Thousand Faces, 3. Aufl. New World Library, California, S. 8–18 , 41–215
3. Kast, Verena (2014) Die Tiefenpsychologie nach C.G. Jung, 4. Aufl. Patmos Verlag, Deutschland, S. 36, 39–41
4. Saward, J. Das grosse Buch der Labyrinthe und Irrgärten. AT Verlag, Aarau und München S. 11, 36–41 (2003).
5. Stein, Murray (2019) C.G. Jungs Landkarte der Seele, 10. Aufl. Patmos Verlag, Ostfildern Deutschland, S. 210, 220
6. Vogel, Ralf T. (2017) Individuation und Wandlung, 1. Aufl. Verlag W. Kohlhammer, Stuttgart, S. 5, 6, 18

Internetquellen

7. Brandles (oder Touchet, Brandon) (2019) The hidden message in Game of Thrones — part 1: the hero's journey, unter: https://medium.com/@RandomBrandles/the-hidden-message-in-game-of-thrones-part-1-the-heros--journey-e0b16f8b24de. Zugegriffen: 19. Nov. 2020

Literatur

3

Der Mensch und die Maske

3.1 Z wie Zorro

Wer kennt ihn nicht? Zorro, ganz in Schwarz gekleidet mit Cape, Hut und Degen, sorgt im damals noch spanischen Kalifornien als Rächer der Armen für Gerechtigkeit. Wir schauen ihm zu, wie er in halsbrecherischem Tempo hoch zu Ross seinen Gegnern, die ihn verfolgen, entkommt, oder wie er, elegant fechtend, über sie triumphiert. Am Ort seiner Taten hinterlässt er ein mit dem Degen geritztes "Z" zurück, sein Markenzeichen. Offenbar verstand Zorro etwas von Markenführung und Branding, noch lange bevor diese Begriffe in unserer Welt geläufig wurden. Zorro trägt eine (natürlich ebenfalls schwarze) Maske. Er ist das Alter Ego eines spanischen Adligen aus der besseren Gesellschaft, des Don Diego della Vega. Don Diego nutzt die Maske, um seine Aktivitäten als Zorro unerkannt ausüben zu können, und um damit sich, seine Familie und Freunde vor der Obrigkeit und vor seinen Feinden zu schützen.

Zorro ist eine Paradefigur des Mantel- und Degen-Genres, und ich bin ihm, wie wohl die meisten von uns, das erste Mal vor dem Fernseher begegnet, als ich noch ein Kind war. Schon damals beschäftigte mich die

S. Bannwart, *Authentisch kommunizieren*,
https://doi.org/10.1007/978-3-662-72818-5_3

Abb. 3.1 Zorro (© S. Bannwart. All rights reserved.)

Frage: Warum merkt denn keiner der anderen Protagonisten, das Don Diego hinter Zorro steckt, dass es ein und derselbe Mensch ist? Jedem Zuschauer ist dies klar, und das nicht nur, weil die Geschichte so erzählt wird, dass wir beide Seiten der Figur, den Zorro und den Don Diego, begleiten und auch zusehen, wie sie von einer Rolle in die andere schlüpfen. Die beiden, sieht man von der unterschiedlichen Kostümierung ab, sehen ja völlig identisch aus, es ist der gleiche Körper, sie sprechen mit der gleichen Stimme, und die Maske, die Zorro trägt, verdeckt kaum die Hälfte seines Gesichts. Die Augen und ihr Blick, die so viel über uns verraten, sind ebenfalls die gleichen. Aber niemandem innerhalb der Geschichte scheint das aufzufallen, alle, Freund und Feind, lassen sich täuschen (Abb. 3.1).

Der schwarzgekleidete Fechter, der selber in der Tradition von Robin Hood steht, ist ein Vorläufer der Comic- und Superhelden, die in den letzten Jahren einen großen Boom im Kino erlebt haben. Bei denen stellt man das gleiche Muster fest. Nehmen wir Batman. Auch er ist aus gutem Hause und gerne in schwarz unterwegs, allerdings nicht mehr per Pferd, sondern mit moderneren Verkehrsmitteln, und auch bei ihm verdeckt die Maske das halbe Gesicht – nur das halbe Gesicht – und auch er wird von seinem Umfeld nicht als der exzentrische Milliardär Bruce Wayne, der er in seinem zivilen Leben ist, erkannt. Es handelt sich also um einen ähnlichen Fall wie bei Zorro. Aber der Gipfel der unentdeckten Maskerade wird beim wohl berühmtesten Superhelden erreicht, bei Superman höchst persönlich. Da fällt die Maske völlig weg beziehungsweise wird auf eine Brille reduziert, die der Reporter Clark Kent, wie Superman in seiner zivilen Rolle heißt, gelegentlich trägt. Die gleiche Figur, das identische Gesicht, und niemand merkt etwas! Nicht einmal die Redaktionskollegen von Clark Kent bei der Zeitung realisieren, wer Superman ist, nicht einmal seine Journalistenfreundin Lois Lane, die sich mit Superman zum Date trifft! Wie kann das sein?

Vielleicht finden wir eine Erklärung, wenn wir die verschiedenen Rollen, wie wir sie bei den Titelfiguren solcher Abenteuer- und Superheldengeschichten antreffen, als extreme Formen verschiedener Unterpersönlichkeiten ein und desselben Menschen anschauen. Das Auseinanderfallen von Menschen in verschiedene Unterpersönlichkeiten erleben wir auch in unserem normalen Leben immer wieder. Wer hat nicht schon einmal die Beobachtung gemacht, dass bestimmte Menschen, wie z. B. der Chef oder die Chefin, wenn man ihm oder ihr außerhalb der Arbeit in einem privaten Kontext begegnet, ganz anders erscheinen als in der Arbeitssituation. Das führt dann zu Aussagen wie "privat ist er ja ganz anders" oder "ich habe sie nicht wiedererkannt, so anders hat sie sich verhalten". Damit sind wir unserem Zorro-Rätsel auf der Spur. Auch Jung hat sich mit dem Phänomen der Unterpersönlichkeiten befasst. Für die bekannteste von ihnen, über die wohl alle Menschen verfügen, hat er einen spezifischen Ausdruck gewählt, der heute sogar umgangssprachlich verwendet wird: Persona – das griechische Wort für Maske.

3.2 Die Persona

Nach Jung kann es in der komplexen menschlichen Persönlichkeit eine Reihe von Unterpersönlichkeiten geben [2]. Dies trifft nicht nur bei pathologischen Fällen zu, wo sie allerdings deutlich ausgeprägter sein können, sondern auch bei anderen Menschen. In Zusammenhang mit diesen Unterpersönlichkeiten hat Jung den heute geläufigen Begriff Persona geprägt. Damit meint er das psychologische und soziale Konstrukt, das wir Menschen brauchen, um in der Gesellschaft aufzutreten und in ihr eine bestimmte Rolle zu spielen. Für den Menschen als soziales Wesen ist die Persona von großer Bedeutung. Gemäß Jung gibt es zwei Quellen für die Persona. Die erste Quelle stammt von den Erwartungen und Forderungen der Gesellschaft, und sie beinhaltet Ansprüche wie die, eine bestimmte Person zu sein, oder sich den Gepflogenheiten der Gruppe gemäß zu verhalten. Die zweite beruht auf den sozialen Ambitionen des einzelnen Menschen [2]. Dabei gibt es einen fundamentalen Konflikt im Menschen zwischen Individuation einerseits und sozialer Konformität andererseits. Ersteres entspricht dem Bedürfnis nach Abgrenzung, Autonomie, Festigung einer eigenen Position – man will unabhängig funktionieren. Im zweiten sucht man Beziehung und Zugehörigkeit, die nur über eine gewisse Anpassung zu erreichen ist [2]. Die meisten Menschen werden diesen Konflikt gut kennen.

Die Persona ist das, was wir der Außenwelt gegenüber darstellen. Sie unterscheidet sich vom bewussten Ich und von unserem inneren Kern.

Aber im Gegensatz zu diesem inneren Kern, kann sie sich während des Lebens mehrmals verändern. Sie wird immer wieder der Wahrnehmung einer veränderten Umwelt angepasst. Das gilt insbesondere beim Übertritt von einem in ein anderes Lebensalter. Das Ich begegnet diesen Herausforderungen zur Anpassung indem sich Selbstbild und Selbstdarstellung in der Persona verändern [2]. Auch diese Veränderungen sind etwas, was alle Menschen in ihrem eigenen Leben und ihrem Umfeld gut beobachten können. Das Auftreten eines Masterstudenten ist nicht mehr das eines Teenager, dasjenige eines CEOs nicht mehr das eines Praktikanten, und dasjenige von Großeltern nicht mehr dasjenige von jungen Menschen beim Start einer eigenen Familie.

Menschen haben eine Tendenz, sich mit ihrer Persona zu identifizieren, etwa mit ihrer beruflichen Rolle, die sie spielen, oder mit sozialen Positionen, die sie einnehmen, besonders wenn ihnen diese Vorteile wie hohen Status, Anerkennung, Macht etc. bringen. Einfach zu verstehende Beispiele aus der Berufswelt sind Menschen, die respekteischende Uniformen oder spezielle Titel tragen, die besonders prestigeträchtigen Beschäftigungen nachgehen oder die hoch in der Hierarchie ihrer Unternehmen oder Organisationen stehen. Geht die Identifikation mit der Persona zu weit, kann sie sehr problematisch werden. Da alle Menschen eine Identität brauchen, sind sie oft bereit, eine kollektive anzunehmen, wie z. B. "Mutter", "Vater", "Arzt" oder "Banker", anstelle die Mühe auf sich zu nehmen, selber eine zu entwickeln. Doch die Rollen, die sie hier übernehmen, sind Masken, deren Ausdruck nicht verändert werden kann. Unabhängig von der Situation müssen die Menschen dann mit der durch die Maske vordefinierten Rolle reagieren. Bleiben Menschen in ihrer Persona stecken, erscheinen sie den anderen oberflächlich und nicht sehr interessant. Dann fehlt es ihnen wortwörtlich an Tiefe [1].

Fehlt es Zorro und seinen Superheldenkollegen an Tiefe? Wohl nicht, sonst wären ihre Geschichten nicht so erfolgreich und würden uns nicht so faszinieren. Eine Überidentifikation mit der Persona scheint bei Zorro und bei Batman also nicht vorzuliegen. Sie benutzen die Persona zu bestimmten Zwecken und wechseln gerne wieder in ihre andere Identität. Aber ganz offenbar verfügen sie über ziemlich stark abweichende Unterpersönlichkeiten, so stark, dass es für die Menschen in ihrem Umfeld überhaupt nicht vorstellbar ist, dass diese in Wirklichkeit zusammengehören und Anteile des gleichen Individuums sein könnten. Im Film wird es dann so gezeigt, dass – für uns Zuschauer ersichtlich – der gleiche Schauspieler beide Rollen spielt, aber nicht erkannt wird. Wir nehmen das der Geschichte in der Regel ab, und akzeptieren diese Darstellungsart, weil uns das, was damit ausgedrückt wird, letztlich plausibel erscheint. Eine Ausnahme macht vielleicht einmal ein Kind, wie ich es damals war. Mit gängigen Erzählkonventionen noch nicht vertraut und durch sie noch nicht vorbelastet, kann es auf die Idee kommen, die Darstellung in Zweifel zu ziehen.

3.3 Hinter der Maske

Dabei stellt sich eine weitere Frage. Was ist im Falle unserer Comic- und Filmhelden eigentlich ihre Persona: Ist es Zorro selber oder ist es nicht viel eher Don Diego? Ist es Batman oder Bruce Wayne? Die beiden spielen auch in menschlicher Gesellschaft ja eine eigentliche soziale Rolle, Bruce Wayne den exzentrischen Milliardär, oder Don Diego einen Adligen, der nicht richtig fechten kann. Beides Mal tun sie dies, um von ihren vorhandenen, überlegenen Fähigkeiten abzulenken und ihrer Aufgabe, dem Einsatz im Kampf gegen die Kriminellen, nachgehen zu können. Erneut ist es Superman, der es dabei auf die Spitze treibt: Er kommt wortwörtlich von einem anderen Stern, sein menschliches Alter Ego ist bis zu einem gewissen Grad eine Rolle, die er spielen muss, um überhaupt auf der Erde in Gesellschaft der Menschen leben zu können.

Es gibt zwei Wege, die Frage nach der Persona dieser fiktiven Figuren zu beantworten. Zum einen können wir überlegen, welche dieser Unterpersönlichkeiten eher ihrem wahren Kern entspricht. Ist es Zorro, der fechtende Rächer mit der Maske, oder doch eher Don Diego, der spanische Edelmann? Wir könnten dann eine ironische Lesart wählen: Die Figur kommt ihrem Kern vielleicht gerade durch das Aufsetzen der Maske näher! Zum anderen können wir das Ausleben und Integrieren der verschiedenen Unterpersönlichkeiten eines Individuums auch als Notwendigkeit ansehen. Das entspricht dem Gedanken der Ganzheit, die wir auf unserem Weg zur Individuation anstreben.

Damit sind wir wieder bei der Anfangsfrage. Warum tun sich die Mitprotagonisten in diesen Geschichten so schwer damit, den Menschen hinter der Maske zu erkennen? Einen Grund haben wir schon erwähnt: Die verschiedenen Ausprägungen seiner Unterpersönlichkeiten liegen vielleicht schlicht zu weit auseinander, als dass man sie miteinander in Verbindung bringen kann. Aber es gibt noch einen weiteren Aspekt. Wir besitzen in der Regel eine mehr oder weniger klare Vorstellung von einer Person bzw. davon, wie eine Person ist oder sein sollte, und wir haben diesbezügliche Erwartungen. Die Figuren im Film gehen schlicht nicht davon aus, dass ein Superheld in ihrem Alltag mit ihnen in Berührung kommen könnte, da sie diesen nicht in dieser Umgebung erwarten.

Zorro wird auch deshalb nicht in der Rolle des Don Diego erkannt, weil die anderen Figuren in einer bestimmten Situation (d. h. etwa einer bestimmten Szene des Films) eben nicht Zorro, sondern Don Diego erwarten. Die Arbeitskollegen von Clark Kent, der wie sie für die Zeitung arbeitet, ziehen nicht einmal in Erwägung, dass es Superman sein könnte, der wie sie für einen Artikel recherchiert, da sie nie erwarten würden, dass Superman bei ihnen in der Redaktion sitzt und den gleichen Beruf ausübt. Wenn wir im Alltag die bereits oben zitierten Aussagen über unsere Chefin oder unseren Chef machen wie "privat ist sie ja ganz anders" oder "ich habe ihn nicht wiedererkannt", weil die Begegnung außerhalb des gewohnten beruflichen Settings stattfand, sind wir dann nicht bis zu einem gewissen Grad auch Opfer unserer eigenen Erwartungen?

Die Enttarnung gibt es aber auch in den Superheldengeschichten. Meist erfolgt sie durch Menschen, die unseren Helden sehr nahestehen und sie deshalb gut kennen. Teilweise sind das gerade die Hauptgegner, was natürlich kein Zufall ist. Vom Wesen und Nutzen des Bösewichts werden wir an anderer Stelle noch sprechen. Oder die Enttarnung wird durch einen Kuss ausgelöst. In verschiedenen dieser Filme gibt es entsprechende Szenen. Dahinter liegt eine einfache Wahrheit. Die Möglichkeit, tiefer zum Kern eines Individuums vorzudringen, steigt naturgemäß mit der Intimität der Beziehung – bis die Maske schließlich fällt.

Fragen für persönliche Überlegungen an die Leserin und den Leser

- Kennen Sie in Ihrem beruflichen oder privaten Umfeld Beispiele von Menschen, die sich (zu) stark mit ihrer Persona identifizieren?
- Wann sind Sie Zorro zum ersten Mal begegnet? Wer ist Ihr Lieblingsinterpret in der Rolle des Zorro?
- Welche Masken tragen Sie selbst? Fällt es Ihnen leicht, diese Masken auch einmal fallen zu lassen? Wie stark identifizieren Sie sich mit Ihnen?

Was Sie aus diesem Kapitel mitnehmen können

- Menschen verfügen über verschiedene Unterpersönlichkeiten. Eine solche Unterpersönlichkeit, die alle Menschen haben, ist die, mit der sie in Gesellschaft auftreten. Jung nennt sie in Anlehnung an das griechische Wort für Maske Persona.
- Für Menschen als soziale Wesen ist die Persona von großer Bedeutung. Sie besteht im Spannungsfeld der Erwartungen und Forderungen der Gesellschaft, unserer sozialen Ambitionen und dem Konflikt des Menschen zwischen Individuation und sozialer Konformität.
- Natürlich füllen wir im Leben Rollen aus, beruflich oder privat. Aber es ist wichtig, dass wir nicht in deren Maske gefangen bleiben. Dann können wir uns nicht entwickeln, und wir sind für andere Menschen nicht besonders interessant.
- Für ein authentisches Leben müssen wir uns unserer Persona bewusstwerden und dürfen uns nicht mit ihr identifizieren. Für intime Beziehungen ist es unabdingbar, dass wir die Maske fallen lassen.

Literatur

1. Robertson, Robin (1992) Introducing Jungian Psychology. Gill & Macmillan, Dublin, S. 117
2. Stein, Murray (2019) C.G. Jungs Landkarte der Seele, 10. Aufl. Patmos Verlag, Ostfildern Deutschland, S. 134–142, 146

4

Nichts als die Wahrheit

4.1 Flirten

Sie ist unwiderstehlich – alle, die sie je gesehen haben, werden das bestätigen. Die junge Witwe ist charmant, raffiniert, intelligent, kultiviert, scharfzüngig, gewitzt, unabhängig und gut situiert, dazu hat sie beste Manieren, und sie liebt es zu flirten. Das tut sie auf höchstem Niveau, und zwar parallel mit einer ganzen Reihe von Verehrern. Die gehen, wie ihre Freundinnen, bei ihr zu Hause ein und aus, denn sie hält einen Salon. Sie steht gerne im Mittelpunkt dieses gesellschaftlichen Trubels, den sie selber veranstaltet. Auch wenn sie es liebt, von vielen verehrt und begehrt zu werden, so interessiert sie sich eigentlich nur für einen. Der ist ihr in vielerlei Hinsicht ebenbürtig, auch er ist hochkultiviert, intelligent, wortgewandt, unabhängig und wohlhabend. Und auch er hat seine Verehrerinnen, aber er liebt sie wirklich, und nur sie! Trotz der offenbar gegenseitigen Liebe gibt es ein Problem: Die beiden passen offenbar nicht zusammen. Im Gegensatz zu ihr kann er der Gesellschaft der Menschen nichts abgewinnen, im Gegenteil: Er eckt überall an, und zwar heftig. Er ist ein richtiger Miesepeter, ein Menschenfeind, ein "Misanthrope".

S. Bannwart, *Authentisch kommunizieren*,
https://doi.org/10.1007/978-3-662-72818-5_4

Der französische Dichter Molière hat das gleichnamige Theaterstück im Jahr 1666 in Paris veröffentlicht und zur ersten Aufführung gebracht. Das war die Zeit des französischen Königs Ludwig XIV und des von ihm verkörperten Absolutismus. Mit dem Sonnenkönig war ein Höhepunkt des höfischen Lebens in Europa erreicht. Der Hof von Versailles und die dort praktizierte Kultur waren die absolute Referenz. Sie steht für einen Prunk und eine ausgeklügelte Raffinesse, wie sie wohl in der Geschichte der europäischen Aristokratie vorher und nachher nie übertroffen wurden. Das Leben am Hof war strikt kodifiziert, und die Gesellschaft in klare Hierarchien eingeteilt. Die Individualität musste zurücktreten. Am Hof interessierte sich niemand für persönliche Befindlichkeiten. Man repräsentierte lediglich ein Land, einen Staat, ein Interesse einer Region. Jedermann musste eine vordefinierte Rolle verkörpern. Die Inszenierung wurde auf die Spitze getrieben, und es war wichtig, diesbezüglich keine Fehler zu begehen (Abb. 4.1).

Die Gesellschaft war zutiefst durch Versailles geprägt, gerade die im nahen Paris. Diesen auf unbedingtes Einhalten der Etikette ausgerichteten Werten des Adels standen allerdings diejenigen des Bürgertums gegenüber. Molière, der selber nicht aus der Aristokratie stammte, hat das Stück vor diesem spezifischen historischen Kontext geschrieben und sicher viel Persönliches hineingepackt. Doch wenn wir es heute noch anschauen, dann wegen des Genies, mit dem der Dichter epochenübergreifende Themen auf höchst geistreiche und unterhaltsame Weise behandelt. Es ist eines von Molières besten Stücken, und es gehört zu den großen, viel gespielten Klassikern des Theaters. Molière hat mit den beiden Hauptprotagonisten nicht nur Paraderollen fürs Theater geschrieben. Mit Célimène, so heißt die flirtende Dame, und mit Alcéste, so heißt der ungesellige Herr, prallen fast idealtypisch zwei konträre Charaktere aufeinander, die für unterschiedliche Auffassungen über das Leben in der menschlichen Gesellschaft stehen. Molières Stück wurde zwar im 17. Jahrhundert geschrieben, aber die Fragen, die es aufwirft, bleiben aktuell.

Alcéste versucht ein Leben in Aufrichtigkeit zu führen. Er will sich den Anforderungen der Gesellschaft nicht unterwerfen, die eine Anpassung an die vorgegebenen Codes bedeuten. Er will wahrhaftig und ehrlich sein, will sagen, was er wirklich denkt, und will hören, was die anderen wirklich meinen. Er verachtet die Schmeichler und Heuchler, die das

Abb. 4.1 Célimène (© S. Bannwart. All rights reserved.)

höfische Leben nicht nur hervorbringt, sondern die dort florieren. In letzter Konsequenz mag er die Menschen und ihre Gesellschaft nicht. Mit seiner Haltung, stets wahrhaftig zu sein, geht er bis zur Schmerzgrenze, auf jeden Fall derjenigen der anderen Personen im Stück, aber auch der Zuschauer im Theater. Und manchmal geht er darüber hinaus.

In einer Szene im ersten Akt bietet Oronte, einer von Célimènes Verehrern, Alcéste seine Freundschaft an. Alcéste zögert, man kann schließlich nicht so einfach mit jemandem Freundschaft schließen. Dann bittet ihn Oronte auch noch um die Beurteilung eines von ihm verfassten Gedichts. Alcéste, wohl ahnend, dass das nicht gut gehen wird, will sich herausreden. Aber gerade weil Alcéste ja immer ehrlich ist, insistiert Oronte: Explizit besteht er auf seiner offen geäußerten Meinung. Man sieht das Debakel kommen, und das Unvermeidliche tritt ein: das selbstverfasste Gedicht, das der Hobbypoet Oronte vorträgt, ist blamabel, und als Alcéste das versprochene ehrliche Feedback gibt, also einen Verriss, hat er sich einen neuen Feind gemacht. Oronte ist so eingeschnappt, dass er Alcéste dafür sogar vor Gericht verklagen will! So setzt sich das Räderwerk der von Molière brillant orchestrierten Komödie in Bewegung.

4.2 Lieben

Dieser Alcéste, dem nichts über die Wahrhaftigkeit geht, ist ausgerechnet in Célimène verliebt, das lebenslustige Pariser It-Girl. Célimène mag die Gesellschaft anderer Menschen und lebt in ihr auf wie der sprichwörtliche Fisch im Wasser. Sie macht sich einen Spaß daraus, geistreich über abwesende Personen zu lästern und, wenn sie anwesend sind, mit den exakt gleichen Personen zu flirten und ihnen zu schmeicheln. Mit der Wahrheit nimmt sie es nicht so genau. Für Célimène ist das ein Spiel. Sie passt sich den geltenden gesellschaftlichen Konventionen an, in denen die äußere Fassade zählt, um sich dann dahinter eine gewisse Freiheit zu nehmen, welche sie als junge Witwe besitzt. Mit ihrem Charme und Witz verdreht sie allen den Kopf. Einer prüden und heuchlerischen Freundin, die ebenfalls in Alcéste verliebt ist, hält sie auf geniale Weise den Spiegel vor und zahlt ihr eine Gemeinheit mit gleicher Münze, aber in eleganter Form, zurück. Célimène ist weit davon entfernt, eindimensional zu sein, wie Alcéste ist sie eine komplexe Figur.

Denn mit Alcéste macht es uns Molière nicht einfach. Er hat nicht den Weg gewählt, ihn einfach als realitätsfremden Spinner abzutun, der mit seinem Anspruch an unbedingte Aufrichtigkeit zu extrem ist, um in der Gesellschaft zu leben. Er gibt ihn auch nicht der Lächerlichkeit preis oder gestaltet ihn unsympathisch. Im Gegenteil ist Alcéste in vielem eine attraktive Figur. Er wird geschätzt, er hat Freunde, wie beispielsweise den ihm wohlgesonnenen Philinte, der mäßigend auf ihn einzuwirken versucht. Alcéste kommt bei den Frauen gut an und wird ausgerechnet von der von allen umschwärmten Célimène geliebt. Wahrscheinlich, so können wir vermuten, sind die beiden, die nach außen eine so vollkommen gegensätzliche Lebenseinstellung haben, sich im Innern viel näher als man denkt, ihre Liebe ist kein Zufall.

Vor allem aber fühlen und leiden auch wir Zuschauer mit den beiden mit. Wir verstehen Alcéste und viele seiner Positionen und Ansichten. Streben wir nicht alle nach einem Leben in Wahrhaftigkeit? Gehen uns die Blender und Betrüger, die es heute noch genau so gibt wie zur Zeit des Sonnenkönigs, und die wie schon damals Karriere machen und an hohen und höchsten Stellen zu finden sind, nicht auch auf den Geist? Ist es umgekehrt nicht zutiefst menschlich, dass wir wie Célimène bei den anderen Menschen gut ankommen wollen, dass wir uns den Konventionen der Gesellschaft, in der wir leben, in einem gewissen Maße anpassen, um unseren Platz in ihr zu finden? Aber wieweit kann man dabei gehen, ohne sich selber untreu zu werden? Für Alcéste wäre ein Leben oder eine Stellung am Hof nur möglich, wenn er sich mehr einordnen und von seinem absoluten Wahrhaftigkeitsanspruch abweichen würde, aber das kann er nicht. Offenbar fällt es Célimène viel leichter, eine Rolle zu spielen und sich den Regeln anzupassen, als das für Alcéste der Fall ist. Sie scheint im gesellschaftlichen Leben besser zurechtzukommen. Doch ihre spielerische und leichte Art nehmen wir eher als Ausdruck von Lebenslustigkeit denn als kalt berechnenden Opportunismus wahr. In dem Sinne scheint sie sich auch dann treu zu bleiben, wenn sie einmal nicht die Wahrheit sagt.

Molière hat mit seinem Stück universelle Themen aufgegriffen, die uns heute noch weiter beschäftigen. Doch es wurde im Rahmen der damaligen Psychologie und einer europäischen monarchischen Gesellschaft im 17. Jahrhundert geschrieben, in der König und Kirche den Ton angaben, und diese Epoche ist vorbei. Das war lange vor dem Beginn der Psychoanalyse und vor der Entstehung der totalitären Ideologien, die das 20. Jahrhundert geprägt haben. Wie stehen wir heute, vor dem Hintergrund dieser modernen Entwicklungen und Erfahrungen, zu diesen Themen?

4.3 Lügen

Einer, der sich intensiv mit dem Thema Lügen auseinandergesetzt hat, ist der kanadische Psychologieprofessor und Autor Jordan Peterson. Peterson betrachtet dabei nicht nur die individuelle, sondern auch die gesellschaftliche Ebene, wobei ihm die Verbindung und Wechselwirkung der beiden sehr wichtig ist. Das kommt nicht von ungefähr: Er hat sich in seiner Forschung seit Langem intensiv mit den psychologischen Ursachen der totalitären Ideologien und Regime befasst, die zu den enormen Gräueln des 20. Jahrhunderts geführt haben. Peterson argumentiert, dass das Lügen dabei eine zentrale Rolle spielt. Denn aus der Analyse der Mechanismen politischer Regime weiß man, dass die tagtägliche Lüge auf Ebene der individuellen Existenz in der Gesellschaft ein Vorläufer des gesellschaftlichen Totalitarismus ist und Hand in Hand mit ihm geht [1].

In seinem Bestseller *12 Rules for Life* hat Peterson ein eigentliches Plädoyer gegen das Lügen verfasst und ist dabei aus moderner Sicht auf unseren Problemkreis eingegangen: Seine Regel Nummer 8 lautet: "Sag die Wahrheit – oder zumindest lüge nicht". Wir stellen hier einige seiner diesbezüglichen Überlegungen vor. Die im folgenden Text aufgeführten Zitate stammen aus seinem Buch aus dem Jahr 2018 (eigene Übersetzung.) Dass es einen Zusammenhang gibt von Lüge und von Verdrängung mit psychischer Krankheit, mit physischer Krankheit und mit moralischen Problemen, wurde bereits von den Pionieren der Psychoanalyse gesehen. "Alle diese Denker, die sich zentral mit individueller und kultureller Pathologie befassten, kamen zum selben Schluss: Lügen verbiegen die Struktur des Seins. Unwahrheit korrumpiert sowohl die Seele wie den Staat, und eine Form der Korruption nährt die andere" [1].

Mit der in der Psychologie so benannten *Lebenslüge* versuchen Menschen, die Realität so zurechtzubiegen, dass sie am Schluss dieser Lüge entspricht: "Man kann Worte brauchen, um die Welt so zu manipulieren, dass sie uns das bietet, was wir wollen. Das ist, was es bedeutet ‚politisch zu handeln'. Das ist Tatsachenverdrehung. … Es ist, was alle tun, wenn sie etwas wollen und wenn sie beschließen, sich zu verstellen, um zu gefallen und zu schmeicheln. … Das Leben so zu führen bedeutet, von einem verkehrten Anliegen besessen zu sein, und dann so zu reden und zu handeln, dass man auf diese Weise höchstwahrscheinlich zu diesem Ziel gelangt" [1]. Zur Illustration gibt Peterson einen ganzen Beispielkatalog solcher Lebenslügen an, wie beispielsweise: "meine ideologischen Glaubenssätze aufzuzwingen", "Verantwortung zu vermeiden", "die Anerkennung für die Taten anderer zu erhalten", "von den Vorteilen des Märtyrertums zu profitieren", "meinen Zynismus zu rechtfertigen", "unmittelbaren Konflikt zu minimieren", "meine Naivität zu bewahren", "von meiner Verletzlichkeit zu profitieren", "immer als Heilige(r) zu erscheinen", oder "sicherzustellen, dass es immer die Schuld meines ungeliebten Kindes ist" [1].

In der Lebenslüge wiederum steckt eine ganze Reihe von Problemen [1]. Einerseits geht man mit solchen Lebenslügen davon aus, dass man mit seinem aktuellen Wissen schon genau darüber im Bild ist, was in der Zukunft gut sein soll. Das ist falsch, da sich heute gesteckte Ziele in Zukunft als wertlos herausstellen können, oder dass man sich in dem, was man aktuell tut, täuschen kann. Zweitens impliziert die Lebenslüge, dass die Realität ohne Manipulation unerträglich ist. Aber letztlich kann man die Realität nicht verdrehen. "Diese Art von Übervereinfachung und Verfälschung ist besonders typisch für Ideologen. Sie adoptieren ein einzelnes Axiom: die Regierung ist schlecht, Immigration ist schlecht, der Kapitalismus ist schlecht, das Patriarchat ist schlecht. Sie glauben, narzisstisch, unter all dieser schlechten Theorie, dass die Welt in Ordnung gebracht werden könnte, wenn sie nur die Kontrolle über sie hätten" [1].

Ein weiteres Problem entsteht, wenn Menschen sich verstecken, beispielsweise wenn sie nichts dagegen unternehmen, wenn Schlechtes geschieht, obwohl sie es verhindern könnten. Dahinter stecken ein Vitalitätsmangel und ein Unterdrücken der Potenziale eines unrealisierten Selbst. "Wenn du dich andern gegenüber nicht offenbarst, so kannst du dich auch dir selber gegenüber nicht offenbaren. Das heißt nicht nur, dass du unterdrückst, wer du bist … Es heißt, dass vieles von dem, was du sein könntest, niemals zur Manifestation kommt" [1]. Dazu gehört auch, dass Menschen anderen Menschen gegenüber manchmal nein sagen müssen, wenn es eben nötig ist.

4.4 Betrügen

So ist die Lebenslüge auch ein Selbstbetrug. "Nur die zynischste, hoffnungsloseste Philosophie beharrt darauf, dass die Wirklichkeit durch Fälschung verbessert werden kann" [1]. Dagegen ist es wichtig, sich auch Irrtümer einzugestehen, die Wahrheit zu erkennen, altes aufzugeben, und neues zu versuchen. "Der stolze, rationale Verstand, komfortabel in seiner Gewissheit, gepanzert durch seine eigene Brillanz, ist leicht versucht Irrtum zu ignorieren und Schmutz unter den Teppich zu kehren. Literarische Existenzphilosophen, beginnend mit Søren Kierkegaard, haben das als‚unauthentisches' Sein begriffen" [1]. Eine solche unauthentische Person macht auch dort weiter, wo ihr die eigene Erfahrung bereits gezeigt hat, dass sie falsch liegt. Jemand anders ist schuld, oder die Welt ist unfair. Demgegenüber steht die Position der Authentizität. Wenn eine authentische Person nicht das gewünschte Resultat erhält, heißt das für sie, dass sie etwas lernen muss: Vielleicht waren die Ziele falsch oder die Methoden.

Die Ideologie entsteht über eine Verabsolutierung. "Es ist die größte Versuchung des rationalen Denkens, seine eigene Fähigkeit und seine eigenen Produkte zu glorifizieren und zu behaupten, dass es angesichts seiner Theorien nichts Transzendentes oder außerhalb seines Bereiches Existierendes braucht. Das heißt, dass alle Fakten bekannt sind. Das heißt, dass nichts Wichtiges unbekannt ist. … Das ist was *totalitär* bedeutet: Alles was man entdecken musste ist entdeckt. Alles wird genau ablaufen wie geplant. Alle Probleme werden verschwinden, für immer, wenn einmal das perfekte System akzeptiert wurde" [1]. Das ist natürlich eine Lüge.

Als Molière seine großen Theaterstücke schrieb, gab es noch keine totalitären Ideologien und Regime im modernen Sinne. Aber er hatte immer wieder mit der Zensur zu kämpfen, obwohl er die Unterstützung von König Ludwig XIV genoss. Seine Stücke wurden wiederholt verboten, die Kirche drohte ihm mit Exkommunikation. Das scheint uns natürlich lange her. Inzwischen ist Molière in den Kanon der größten Dichter aller Zeiten aufgenommen. Frankreich hat ihn und sein Werk zu einer Art Nationalheiligtum erklärt, und die französische Sprache wird als "la langue de Molière" (die Sprache Molières) bezeichnet.

Und Célimènes Charme wirkt weiter. Immer wieder wird sie von den großen Theaterschauspielerinnen in Frankreich und in der ganzen Welt auf der Bühne zum Leben erweckt. 1953 hat ihr die französische Post sogar eine Briefmarke gewidmet, [2] eine Ehre, auf die Alcéste noch immer wartet, obwohl doch die Komödie nach ihm, dem "Misanthrope" oder eben "Menschenfeind" benannt ist. Das Stück selber hat ein seltsam offenes Ende. Célimène strauchelt. Sie begeht einen Fehler und wird als mehrfache Lügnerin ertappt – ein Fauxpas, den man ihr nicht verzeiht. Alle ihre Verehrer wenden sich von ihr ab, mit der Ausnahme von Alcéste, aber es gibt einen Streit und er reist ab. Sein Freund Philinte will ihn aufhalten, doch wir wissen nicht, ob es ihm gelingt. Am Schluss ist nicht eindeutig klar, wie die Geschichte von Célimène und von Alcéste endet oder weitergeht. Hat uns der große Dichter die ganze Wahrheit erzählt?

Fragen für persönliche Überlegungen an die Leserin und den Leser

- Was denken Sie über die Regel "Sag die Wahrheit – oder zumindest lüge nicht"? Wie halten Sie es persönlich mit der Wahrheit (und mit dem Lügen)?
- Ist Ihnen Célimène näher oder Alcéste? Was glauben Sie, wie ist die Geschichte der beiden nach dem Ende von Molières Stück weitergegangen?
- Kennen Sie aus Ihrem persönlichen oder beruflichen Umfeld Beispiele von Lebenslügen und ihrer verheerenden Wirkung?

Was Sie aus diesem Kapitel mitnehmen können

- In der Bestrebung, sein Leben authentisch zu führen, nimmt die Frage nach der Wahrhaftigkeit für den Menschen eine große Bedeutung ein. Dabei bestehen unterschiedliche Positionen. Es gibt Menschen, die sich einfacher und andere, die sich schwieriger gesellschaftlichen Normen, Konventionen und Regeln anpassen können oder wollen.
- Das Thema wird vor allem dann brisant, wenn der Preis der Anpassung darin besteht, lügen zu müssen.
- Die moderne Psychologie und die Erfahrungen mit den totalitären Regimen der Neuzeit, die ohne weitverbreitetes Lügen nicht möglich gewesen wären, haben ein neues Licht auf die Problematik der Wahrhaftigkeit geworfen. Lügen korrumpiert beides: die Seele des Menschen und den Staat.
- Das Lügen steht in Widerspruch zur Authentizität. Wir müssen uns klar darüber werden, was unsere eigene Position zu diesem Thema ist. Sind wir in der Anpassung an unser Umfeld bereit, von der Wahrhaftigkeit abzuweichen, und die psychologischen und die gesellschaftlichen Konsequenzen zu tragen?

Literatur

1. Peterson, Jordan B. (2018) 12 Rules for Life. Random House, Kanada, S. 206–211, 215

Internetquellen

2. Célimène dans le Misanthrope de Molière (2020) wikitimbres.fr, unter: https://www.wikitimbres.fr/timbres/1470/celimene-dans-le-misanthrope-de-moliere. Zugegriffen: 30. Aug. 2020

5 Dunkle Kräfte

5.1 Die Hitchcock-Regel

Er wurde der "Master of Suspense" genannt, und vielleicht ist er der größte Regisseur der Filmgeschichte: Alfred Hitchcock. Niemand verstand es wie er, Spannung aufzubauen, aufrechtzuerhalten und ins fast Unerträgliche zu steigern. Hitchcocks cinéastische und dramaturgische Rezepte haben die Filmkunst maßgeblich geprägt. Viele von ihnen gelten auch im Streaming-Zeitalter unverändert, und das, obwohl der alte Meister seine professionelle Laufbahn bereits zur Zeit des Stummfilms begonnen hatte. In der Mitte der sechziger Jahre des letzten Jahrhunderts war Hitchcock auf dem Zenit seines Schaffens, als ein junger französischer Filmkritiker und Filmregisseur ein 50-stündiges Interview mit ihm machte. Der Interviewer war François Truffaut, der seinerseits auf dem Weg war, zu einem bedeutenden Cinéasten zu werden. Truffaut hat das Interview anschließend zu einem Buch verarbeitet, das auf Deutsch unter dem Titel "Mr. Hitchcock, wie haben Sie das gemacht?" [5] herauskam und das zu einer eigentlichen Bibel für Filmregisseure wurde.

S. Bannwart, *Authentisch kommunizieren*,
https://doi.org/10.1007/978-3-662-72818-5_5

In einer Reihe von Treffen sprach Truffaut mit Hitchcock über dessen umfassendes Werk. Während sie zusammen einen Film nach dem anderen diskutierten, erklärte Hitchcock seine Philosophie und die Beweggründe, warum er was wie gemacht hatte. Dabei wird nicht nur über die Erfolge, sondern auch über das Missratene offen geredet. Das gibt es natürlich selbst bei jemandem wie Hitchcock, und bekanntermaßen kann man gerade aus Fehlern besonders viel lernen. So kommen die beiden auf einen Hitchcock-Film zu sprechen, den sie als schwach einstufen (Es handelt sich um den Film "Stage Fright" mit Marlene Dietrich und Jane Wyman aus dem Jahr 1950). Hitchcock sagt in seiner eigenen Analyse folgendes über den Film: „Weshalb ist keine der Personen wirklich in Gefahr? Weil wir eine Geschichte erzählen, in der die Schurken Angst haben. Das ist die große Schwäche des Films, denn sie verstößt gegen die Hauptregel: Je gelungener der Schurke ist, umso gelungener ist der Film. Das ist die große Kardinalregel. Aber in diesem Film war der Schurke nichts“ [5]. Stimmt diese Regel, die Hitchcock formuliert hat? Und wenn ja, stimmt sie universell, und auch heute noch?

Hitchcocks Regel lässt sich ganz einfach überprüfen. Die Leserin oder der Leser möge sich einige Filme in Erinnerung rufen, die sie oder er in letzter Zeit (oder überhaupt irgendwann) gesehen hat. Fernsehserien tun es auch. Welche haben wirklich einen Eindruck gemacht, sind regelrecht eingefahren, wirken lange nach? Oder welche Filme stechen in einer Reihe, die es schon seit Jahrzehnten gibt, wie beispielsweise die James Bond- oder die Batman-Filme oder ähnliches, aus dem Durchschnitt heraus? Wenn man sich dann fragt, warum einem gerade diese Filme (oder Fernsehserien oder Episoden aus Serien) besonderen Eindruck gemacht haben, wird man auf alle möglichen Antworten stoßen. Vielleicht spielt der Film in einer Stadt, zu der man eine besondere Beziehung hat, oder man findet eine der Schauspielerinnen oder einen der Schauspieler außerordentlich attraktiv, oder die Musik ist speziell gut, oder man mag einfach die Stimmung, die die Farben auslösen.

Viele dieser Punkte haben mit ganz persönlichen Präferenzen zu tun und sind mehr oder weniger individuell. Wenn man sich dann aber an den Bösewicht des Films erinnert, so wird man fast immer feststellen, dass er in diesem Film richtiggehend furchteinflößend oder ganz besonders abstoßend war – in der Sprache von Hitchcock also wirklich sehr gelungen. Wurde Harry Potter nur wegen des jungen Zauberers und seiner sympathischen Freunde so erfolgreich, oder nicht auch, weil seine Gegenspieler wirklich angsterregend sind (manchmal sogar für das erwachsene Publikum)? Oder denken wir an eine der erfolgreichsten Fernsehserien der jüngeren Gegenwart, die während fast eines Jahrzehnts Millionen Zuschauer in aller Welt in Atem gehalten hat, an "Game of Thrones". Dort gibt es eine ganze Reihe von grauenhaften, also sehr gelungenen, Bösewichten. Während man die Serie schaut, denkt man sich, so abscheulich kann ein Mensch gar nicht sein. Aber kaum scheint der Gipfel des Schrecklichen erreicht, so taucht in der Serie ein neuer Bösewicht auf, der noch viel schlimmer ist. Man hasst sie richtiggehend!

Der gelungene Bösewicht zieht sich durch alle diese Filme und Serien hindurch, es ist ihr gemeinsamer Nenner, und findet man einmal eine Ausnahme, so bestätigt sie die Regel. In diesem Fall ist es die Regel von Alfred Hitchcock. Was wir so, auf seinen Spuren, und dank seinem jüngeren Kollegen Truffaut, der das aufgeschrieben hat, bemerken, gilt natürlich nicht nur für Kino und Fernsehen. Es gilt auch für Literatur, fürs Theater, für Märchen, ja für Geschichten überhaupt: Je gelungener der Bösewicht, desto besser die Geschichte. Neben Literaten, Regisseuren und anderen Künstlern wissen das natürlich auch viele Marketingleute oder Politiker.

5.2 Der Antagonist

Einer, der sich das Konzept in exemplarischer Weise zunutze gemacht hat, war Steve Jobs, Mitgründer und langjähriger Chef von Apple. Die Präsentationen von Steve Jobs wurden legendär und von Experten bis ins letzte Detail analysiert. Dabei kam heraus, dass sich Steve Jobs das klassische schema, dass in einer Geschichte ein Held gegen einen Bösewicht kämpft, wieder und wieder zunutze gemacht hat. Er hat seinem Publikum Geschichten erzählt, in denen er es mit einem Gegner, einem Feind, oder einfach einem Problem, das es zu lösen gab, konfrontierte [1].

Dieses Rezept verfolgte Jobs nicht nur in seinen Präsentationen, sondern oft auch in der Werbung von Apple. Schauen wir uns drei Beispiele an, zwei aus der Werbung und eine aus der Reihe von Jobs berühmt gewordenen Präsentationen bei Macworld-Veranstaltungen, an denen Apple über neue Produkte informierte.

Beispiel

- "1984": Im Jahr 1984 lancierte Apple den Macintosh-Computer. Der Starregisseur Ridley Scott, der damals schon Filme wie "Alien" und "Blade Runner" auf seinem Konto hatte und später viele weitere Kassenschlager inszenierte, wurde engagiert, um einen kurzen Werbefilm zu drehen. In einer düsteren, monochromen Szene, die in einer dystopischen Zukunft zu spielen scheint, richtet sich eine Führerfigur über eine gigantische Leinwand mit einer indoktrinierenden Rede an ein Volk uniform gekleideter, kahlgeschorener Menschen. Eine junge Frau, in farbigem Sporttenue, auf dessen Oberteil ein umrissartiges Bild des Macintosh-Computers zu sehen ist, stürmt, verfolgt von einer Truppe Polizisten, nach vorne und schmettert einen Wurfhammer auf die Leinwand. Diese explodiert in einem Lichtmeer, was die Menschen aus ihrer Lethargie reißt. Dazu erscheint der folgende Text (auf unserem Bildschirm): "On January 24th, Apple Computer will introduce Macintosh. And you'll see why 1984 won't be like '1984'" ("Am 24. Februar wird Apple Computer den Macintosh einführen. Und du wirst sehen, warum 1984 nicht wie '1984' sein wird"). Natürlich ist das eine Anspielung auf den berühmten Roman von George Orwell, der eine Zukunft mit einem totalitären Überwachungsstaat beschreibt. Die junge Athletin im Spot scheint sich gegen den Big Brother, der in diesem Buch die Herrschaft darstellt, aufzulehnen. Das wurde dahingehend interpretiert, dass sich Apple als hoffnungsvolle und nicht konforme Alternative zu IBM präsentierte. IBM war die Firma, die hinter dem PC stand und damals den Markt dominierte. Der Werbefilm wurde am Super Bowl 1984 ausgestrahlt und schlug riesige Wellen [6]. Apple hat mit diesem Film nicht nur Werbegeschichte geschrieben. Er zeigt das Muster auf, nach dem Jobs auch später oft das Helden-Bösewicht-Schema für die Vermittlung seiner Botschaften verwendete [1].

Beispiel

- "Get a Mac": Von 2006 bis 2009 lief eine Apple-Werbespotkampagne, die unter dem Namen "Get a Mac" bekannt ist. Sie besteht aus einer Serie kurzer Filmsketches, die jeweils nach dem gleichen Template ablaufen. In ihnen treten zwei Personen auf. Der eine stellt sich als "Mac" vor, er ist casual gekleidet und verkörpert einen jungen, coolen und kreativen Typen. Der andere ist der "PC", er ist formell gekleidet, etwas dicklich, Typ Büro-Nerd. In den kurzen Spielszenen treffen die beiden aufeinander, wobei in witzigen Dialogen auf lockere Weise viele Vorteile des Mac-Computers gegenüber dem PC thematisiert werden. Beispielsweise hat "PC" einen Schnupfen (d. h. er ist virenanfällig), was "Mac" eben nie hat (da es auf dem Mac keine Viren gibt). Obwohl eine Rivalität zwischen den beiden besteht und besonders "PC" gegenüber "Mac" etwas frustriert und wohl auch neidisch ist, gestaltet sich ihr Umgang pfleglich. Auch sind beide auf ihre eigene Weise sympathisch. Hier wird also der Weg gewählt, dass der Antagonist durchaus mit Freundlichkeit dargestellt wird (In der amerikanischen Version wird "PC" vom Komiker John Hodgman gespielt vis-à-vis des Schauspielers Justin Long, der den "Mac" verkörpert). Wir sind hier weit weg von der düsteren Schreckensvision aus "1984". Dazu passt die komödiantische Form, die die Botschaft aber gleichwohl wirken lässt. Die Kampagne war außerordentlich erfolgreich, und die vorgängig stagnierenden Verkäufe von Mac-Computern stiegen in der Folge stark an [7].

Beispiel

- iPhone-Lancierung: Das dritte Beispiel stammt aus dem Jahr 2007 [8]. Hier wählte Jobs eine andere Variante, der Antagonist nahm nun die Form eines Problems an, das eingeführt wurde, damit sich das Publikum gleichsam hinter den Helden schart – die Lösung. Nach diesem Muster orchestrierte Jobs viele seiner besten Präsentationen, er verwendete klassisches Storytelling. Bei der Lancierung des iPhone erläuterte er, dass es ein Produkt sei, für das die Zeit reif ist. Die Rolle des Bösewichts kommt den damals erhältlichen Smartphones zu, die Jobs als nicht sehr smart einstufte [1]. Jobs zählte in seiner Präsentation all die Limitierungen der damals existierenden Smartphones auf, um damit die Notwendigkeit für eine revolutionäre Neuerfindung zu begründen. Das Problem wird also aufgebracht, um auf dieser Basis die Lösung zu präsentieren [1]. Jobs hatte bekanntlich in seiner Präsentation nicht zu viel versprochen. Das iPhone war tatsächlich ein revolutionäres Produkt, welches unsere Welt verändert hat.

Anhand dieser wenigen Beispiele ist ersichtlich, dass es eine enorme Spannweite an Möglichkeiten gibt, innerhalb derer Antagonisten in einer Geschichte auftreten können. Immer folgen sie der Regel, die Hitchcock damals für die Bösewichte in seinen Filmen formuliert hatte, und wir sehen, dass sie auch für moderne Marketinggeschichten bestens funktioniert. Wichtig ist festzuhalten, dass, im Kontrast beispielsweise zu Hitchcocks klassischer Domäne, dem Kriminal- oder Agentenfilm, der Antagonist in einer Geschichte keineswegs böse in einem moralischen Sinn zu sein braucht. Im zweiten Apple-Beispiel, "Get a Mac", handelt es sich um einen durchaus sympathischen Gegenspieler, im dritten wird von (schlechten) Konkurrenzprodukten und Problemen, die es zu lösen gilt, gesprochen. Wir reden hier also nicht (mehr) von moralischen Kategorien. Wir werden im nächsten Abschnitt dieser Unterscheidung nochmals begegnen.

Etwas anders ist das in der extremen Variante, wie sie Apple 1984 in dem berühmten Werbespot mit der Heraufbeschwörung einer orwellschen diktatorischen Gesellschaft gemacht hatte. Dabei entbehrt dieser Vergleich nicht einer gewissen Ironie. Apple gehört seit Langem zu den börsenkotierten Firmen mit dem höchsten Marktwert global und hat damit den damaligen Konkurrenten und Antagonisten IBM längst hinter sich gelassen. Und ausgerechnet mit dem weltweiten Siegeszug des Smartphones, für welchen Apple mit dem iPhone 2007 den Boden gelegt hat, sind enorme Möglichkeiten zur Überwachung des individuellen Menschen geschaffen worden, von denen Diktatoren vergangener Epochen wohl nicht einmal geträumt hätten.

Politiker, und nicht nur die populistischen, und politische Aktivisten jeder Couleur benutzen das Held-vs.-Bösewicht-Schema in ihrer Kommunikation übrigens auch sehr gerne. Wir kennen das alle. Um es zu sehen, muss man bloß ein Geschichtsbuch öffnen oder die Nachrichten einschalten.

5.3 Der Schatten

Woher kommt diese Faszination mit Bösewichten, die wir offenbar haben? Einen Erklärungsansatz finden wir, einmal mehr, in der analytischen Psychologie. Und dieser Ansatz wird uns auch den essenziellen Zusammenhang aufzeigen, der das Thema mit der Authentizität hat.

Wir haben bereits in der Beschäftigung mit Zorro und seinen Kollegen festgestellt, dass der Mensch verschiedene Unterpersönlichkeiten hat. Dabei haben wir uns besonders mit einer Unterpersönlichkeit befasst, die allen Menschen, auf je individuelle Weise, eigen ist: der Persona. Sie ist die Unterpersönlichkeit, die wir der Gesellschaft gegenüber zeigen, ähnlich einer Maske, von der sie ja den Namen hat. Nun wollen wir eine andere Unterpersönlichkeit anschauen, die als so etwas wie das Gegenstück zur Persona aufgefasst werden kann. Jung nennt sie den "Schatten".

Die Bezeichnung Schatten ist aus verschiedenen Gründen – treffend – gewählt: Ein Schatten ist etwas, was untrennbar mit seinem Träger verbunden ist, er liegt im Dunklen, und er hängt mit dem Licht zusammen, ohne das es ihn ja nicht gäbe, wie es das berühmte Sprichwort ausdrückt: Wo Licht ist, ist auch Schatten. All dies trifft auch auf das zu, was in der analytischen Psychologie als Schatten bezeichnet wird. Schauen wir ihn uns genauer an. Der Schatten ist ein unbewusster Teil des Menschen, etwas was man weder sehen will und auch nicht auf direkte Weise sehen kann. Man kann ihn sich als Ansammlung von Eigenschaften und Qualitäten einer Person vorstellen, die verborgen, im Dunklen und deshalb im Schatten bleiben [4]. Die Person hat die eigenen Teile nicht erkannt und steht nicht zu ihnen (Abb. 5.1).

So wird all das, was der Mensch an sich selber nicht akzeptieren kann, weil es nicht in Entsprechung zu seinem Ideal ist, als sein Schattenanteil bezeichnet [2]. Es geht also um aus Sicht eines Menschen negativ konnotierte Eigenschaften. Was das für Eigenschaften sind, spielt für das Konzept als solches keine Rolle: der Schatten ist vom Inhalt her nicht definiert. So können unterschiedliche Menschen gewisse Eigenschaften unterschiedlich einstufen und bewerten. Ein bestimmter Mensch mag eine Eigenschaft an sich ablehnen, die ein anderer durchaus bejaht [2]. Beispielsweise wird es Menschen geben, die ihre Sexualität unterdrücken (sie wird dann ein starker Schattenaspekt von ihnen sein), während andere

Abb. 5.1 Schatten (© S. Bannwart. All rights reserved.)

dies nicht tun. Diese Menschen können offener mit ihrer Sexualität umgehen (dann gehört sie dort auch weniger in ihren Schatten).

Zum Schatten gehören Eigenschaften, für die man sich schämt, oder schämen würde, wenn man sich ihrer bewusst wäre, und die man strikt zurückweisen würde. Zwar gibt es eine gewisse Introspektion bezüglich der schattenhaften Seiten, und sie können in einem bestimmten Maß ins Bewusstsein rücken. Doch das Ich verfügt normalerweise über so wirksame Abwehrmechanismen gegen das Bewusstwerden des Schattens, dass diese kaum durchdringbar sind [4]. Das heißt, dass gerade dann, wenn man etwas vehement von sich weist, das ein starkes Indiz dafür ist, dass wir es mit einem Schattenphänomen zu tun haben. Ein Beispiel ist, wenn man fest glaubt, dass man garantiert nicht über eine bestimmte Eigenschaft verfügt: «So bin ich aber sicher nicht» wird man sagen – aber unser Schatten ist so bzw. enthält diese Eigenschaft.

Aber wie können wir uns denn überhaupt des Schattens gewahr werden, wenn er unbewusst ist, und wenn wir uns sogar mit inneren Abwehrmechanismen gegen ihn wehren? Diesbezügliche Hilfe kann beispielsweise von Menschen kommen, die uns besonders gut kennen, wie langjährige Partner, Kollegen oder gute Freunde. Sie nehmen uns aus einer anderen Perspektive wahr. Oder aber der Schatten wird, da er ja unbewusst ist, auf andere Menschen projiziert. Das führt dann zu folgendem Phänomen: Man fühlt sich durch jemanden außerordentlich irritiert, und das ist in der Regel ein Indiz dafür, dass es sich um einen unbewussten Schattenaspekt handelt, der projiziert wird. Normalerweise braucht es dazu bei der anderen Person einen bestimmten Anhaltspunkt, d. h. also irgendetwas, woran sich die Schattenprojektion festmachen kann, damit sie funktioniert. Entsprechend ist dann die starke emotionale Reaktion, die auftritt, eine Mischung aus eigener Wahrnehmung und Projektion: man stellt bei dem anderen Menschen etwas fest, aber viel wichtiger für die Irritation ist der Projektionsanteil.

5.4 Die Projektion

Doch eine psychologisch naive Person wird bei dieser Abwehrreaktion glauben, es handle sich um eine reine Wahrnehmung. Den Anteil der Projektion wird sie dabei ignorieren. Wenn wir so in einer defensiven

Haltung verweilen, vergeben wir die Chance, aus dieser Erfahrung zu lernen, und uns Teilen unseres Schattens bewusst zu werden und sie so möglicherweise integrieren zu können. Wir verharren dann in einer rechthaberischen Rolle des unschuldigen Opfers oder eines unbeteiligten Beobachters. Der andere ist der Bösewicht, während mein Ich sich frei von Schuld wähnt. Das ist genau der Mechanismus, der zur Schaffung von Sündenböcken führt [4]. Oder im Beispiel von vorher: Ein Mensch, der seine eigene Sexualität unterdrückt, wird sich bei anderen Menschen, die das nicht tun, lauthals über vermeintlich freizügiges Verhalten beklagen und es vehement kritisieren. Das ist die Grundlage von Bigotterie.

Unter Umständen haben die verwendeten Projektionsflächen (fast) nichts mit der Projektion zu tun, es genügen kleine Anhaltspunkte, an denen man sie festmachen kann. Die Ausführung solcher Prozesse in unserer Lebenswelt haben wir ja weiter oben schon angesprochen. Da gibt es die bei Politikern sehr beliebte Methode, Sündenböcke zu verwenden, um ihre Politik durchzubringen. Oder wir haben die Marketingleute, die uns Produkte verkaufen wollen, so wie es Steve Jobs mit Computern und Smartphones gemacht hat. Einige Beispiele von Apple haben wir etwas detaillierter analysiert.

Kommen wir nochmals auf Hitchcock zurück – welcher Ort eignet sich besser für Projektionen als das Kino? Dort werden Geschichten und ihre Figuren wortwörtlich auf die Leinwand projiziert, in einem technisch-physikalischen Vorgang, bereit für die Projektionen der Zuschauer, dies nun ein psychologischer Vorgang, indem die Menschen ihre eigenen Eigenschaften anderen zuschreiben. In diesen Projektionen leiden wir mit den Helden der Geschichten mit oder wir verlieben uns in bestimmte Protagonisten eines Films, zumindest für kurze Dauer. Und so steigern Projektionen unsere Emotionen in Bezug auf den Bösewicht. Natürlich wird dieser Bösewicht im Film Verbotenes oder sogar richtig Böses, moralisch Verwerfliches tun. Aber erst wenn er als Projektionsfläche für unseren Schatten dient, wenn etwas angesprochen wird, was auch wir, verborgen, in uns haben, kochen die Emotionen hoch, dann fürchten und hassen wir ihn wirklich. Dann sind wir bei Hitchcocks gelungenem Bösewicht angelangt, und, um seiner Argumentation zu folgen, bei einem gelungenen Film. Im Kino haben wir also die Gelegenheit, unserem Schatten zu begegnen, wenn auch wohl in einer extremen und überzeichneten Form. Das gehört sicher zum Reiz des Kinos.

Projektionen laufen unbewusst ab, sie können nicht kontrolliert werden. Die Zielsetzung ist, soviel Bewusstsein zu erlangen, dass der Schatten nicht mehr projiziert werden muss. Ein Unterdrücken hingegen, ein Verneinen eigener dunkler Seiten, wird die Energie, die im Schatten steckt, ansteigen lassen, bis sie schließlich aus dem Unbewussten austritt. Träume sind voll von Schattenphänomenen, die dort gleichsam in einem sicheren Rahmen konfrontiert und verarbeitet werden können. Nicht umsonst ist die Analyse von Träumen einer der Königswege zur Erlangung von Bewusstsein in der Psychoanalyse [3].

Kommt es doch zu Projektionen, schafft das eine Möglichkeit, sich ihrer bewusst zu werden. Das ist etwas Erstaunliches. Es scheint so, dass wir etwas in uns haben, was sich gegen eine einseitige Sichtweise des Lebens wehrt. Dieser innere Prozess strebt nach dem Herstellen von Ganzheit. Sie entsteht dadurch, dass unterdrückte oder ignorierte Aspekte der Persönlichkeit ins Bewusstsein gebracht werden. Bei genauer Betrachtung kreiert der Schatten so eine Gelegenheit zum inneren Wachstum. Bedingung dafür ist, dass wir ihn anerkennen und mit ihm in Beziehung treten. Lehnen wir ihn jedoch ab oder unterdrücken wir ihn, so gewinnt der Schatten an Stärke, und zwar so lange, bis wir nicht umhinkönnen, ihn anzuerkennen und mit ihm in Beziehung zu treten. Es ist, als ob uns die eigene Psyche zum Wachstum drängt, unabhängig davon, ob wir selber es wollen oder nicht [3].

Will er authentisch werden, so muss sich jeder Mensch eingestehen, dass er sowohl helle wie auch dunkle Eigenschaften in sich trägt. Wenn man sich ihnen nicht stellt, dann kann man nicht zu einer ganzen Person werden. Das Wissen um unsere dunklen Seiten und ihre Integration ist ein wichtiges Element auf dem Weg zu uns selbst. Vielleicht erinnern wir uns daran, wenn wir das nächste Mal im Kino einem Bösewicht begegnen. Und der Schauspieler, der ihn verkörpert, mag ein Meister der Täuschung sein, wie wir ihn ganz zu Beginn dieses Buches beschrieben haben. Doch wenn er keinen Zugang zu seinen eigenen dunklen Seiten hat, die in seinem Inneren stecken, wird er Hitchcocks Test nicht bestehen – und wir werden ihn nicht als gelungenen Bösewicht sehen. Auch hier also, wo es um die Darstellung eines Protagonisten in einer Geschichte geht, gilt, was wir seit Beginn postulieren: Es ist der Zugang zum inneren Kern, der den Auftritt eines Menschen überzeugend macht.

Fragen für persönliche Überlegungen an die Leserin und den Leser

- Stimmen Sie mit der These von Alfred Hitchcock überein: Je besser der Bösewicht, desto besser der Film?
- Fallen Ihnen Beispiele für Marketingkampagnen mit Bösewichten ein, oder für die Verwendung von Sündenböcken, im Arbeitsalltag oder in der Politik?
- Über welche Menschen, mit denen Sie persönlich zu tun haben, ärgern Sie sich manchmal heftig? Was könnte das mit Ihrem eigenen Schatten zu tun haben? Können Sie erkennen, inwieweit diese Aufregungen auf ihre Projektionen zurückzuführen sind?

Was Sie aus diesem Kapitel mitnehmen können

- Beim Erzählen von Geschichten spielen Bösewichte eine wesentliche Rolle. Alfred Hitchcock, der große Regisseur, ging so weit, zu sagen: "Je gelungener der Bösewicht, umso gelungener der Film". Dieses Prinzip wird auch in der Kommunikation, etwa in Politik oder im Marketing, gerne verwendet, wobei aus dem (moralisch schlechten) Bösewicht oft ein (moralisch neutraler) Antagonist wird oder schlicht ein Problem, das es zu lösen gilt. Natürlich können wir solche Ansätze auch in unserer eigenen Kommunikation verwenden.
- Die Faszination des Menschen mit Bösewichten und Antagonisten lässt sich mit Jungs Konzept des Schattens erklären. Damit sind die nicht wahrgenommenen, verdrängten Seiten des Menschen gemeint. Der Schatten ist eine Art dunkles Gegenstück zur Persona: Er ist das, was wir an uns nicht wahrnehmen und nicht erkennen wollen.
- Bei großen Irritationen, die durch andere Menschen ausgelöst werden – wir ärgern uns maßlos über jemanden – wird uns oft der Spiegel vorgehalten: Ist die heftige Reaktion ausgelöst durch eine Projektion?
- Wollen wir authentisch sein, müssen wir uns mit unseren Schattenanteilen befassen, sie bewusst machen und integrieren. Das können wir beispielsweise im Austausch mit uns nahestehenden Menschen, die uns gut kennen, und mit denen wir (beruflich oder privat) einen offenen Umgang pflegen.
- Das Bewusstmachen von Schatten ist auch Thema von psychologischen oder psychotherapeutischen Methoden, die auf die Steigerung von Selbsterkenntnis ausgerichtet sind.

Wir haben uns in den vergangenen Kapiteln mit verschiedenen Facetten des Themas Authentizität befasst, und ihren Zusammenhang mit der Kommunikation diskutiert. Begonnen haben wir mit der Idee eines inneren Kerns, den wir bei Menschen wahrnehmen, und wir haben gesehen, dass es diese schon in der Antike gab, und dass sie verbunden ist mit der Vorstellung, wonach das Leben ein Weg ist, auf dem wir uns zu diesem Kern hin entwickeln. Wir haben auch gesehen, dass sich diese Ideen in den großen Mythen der Menschheit wiederfinden und in der uralten Darstellung des Labyrinths, dass sie von den Pionieren der Psychoanalyse weiterentwickelt wurden und dass sie uns heute beispielsweise in der Populärkultur wiederbegegnen. Wir haben festgestellt, dass Menschen über verschiedene Unterpersönlichkeiten verfügen, und uns mit derjenigen befasst, mit der die Menschen in Gesellschaft auftreten, mit der Persona. Dabei haben wir betont, dass es wichtig ist, sich nicht mit seiner Persona zu identifizieren. Das steht im Widerspruch zum Bestreben nach einem authentischen Leben. Für dieses stellt sich auch die Frage nach der Wahrhaftigkeit. Es gibt Menschen, die sich leicht, andere, die sich nur schwer gesellschaftlichen Normen, Konventionen und Regeln anpassen können, wenn sie dazu lügen müssen. Denn Lügen, so wird gesagt, korrumpiere die Seele und den Staat. Und zuletzt haben wir uns mit den dunklen Seiten des Menschen befasst, dem Schatten, dessen Integration wichtig zum Erlangen von Ganzheit und Authentizität ist. Im zweiten Teil des Buches werden wir auf verschiedene Elemente und Themen eingehen, die die Kommunikation authentisch und überzeugend machen. Zuvor aber führt uns ein Exkurs in den Norden – nicht in den hohen, sondern in den wahren.

Literatur

1. Gallo, Carmine (2010) The Presentation Secrets of Steve Jobs: How to be insanely great in front of any audience. McGraw-Hill, New York, S. 63–67
2. Kast, Verena (2014) Die Tiefenpsychologie nach C.G. Jung, 4. Aufl. Patmos Verlag, Deutschland, S. 49
3. Robertson, Robin (1992) Introducing Jungian Psychology. Gill & Macmillan, Dublin, S. 120–121
4. Stein, Murray (2019) C.G. Jungs Landkarte der Seele, 10. Aufl. Patmos Verlag, Ostfildern Deutschland, S. 129–132
5. Truffaut, François (1973) Mr. Hitchcock, wie haben Sie das gemacht?, 2. Aufl. Wilhelm Heyne Verlag, München, S. 187

Internetquellen

6. Dernbach, Christoph, (2020) „1984“ – The famous Super Bowl Spot, Mac History, unter: https://www.mac-history.net/apple-history-tv/ads/2011-07-12/1984-the-famous-super-bowl-spot. Zugegriffen: 23. Sept. 2020
7. Filipowicz, Luke (2020) The ‚Get a Mac‘ campaign was instrumental in shaping Apple's reputation with consumers, iMore, unter: https://www.imore.com/get-mac-campaign-was-instrumental-shaping-apples-reputation--consumers. Zugegriffen: 24. Sept. 2020
8. Steve Jobs introduces iPhone in 2007 (2011) Youtube, unter: https://www.youtube.com/watch?v=MnrJzXM7a6o. Zugegriffen: 24. Sept. 2020

6

Exkurs: Der wahre Norden

6.1 Authentizität und Leadership

"Während der letzten 50 Jahre haben Wissenschaftler, die sich mit Leadership befassen, über 1000 Studien durchgeführt, um zu versuchen Stil, Eigenschaften oder Persönlichkeitszüge von großen Leadern zu bestimmen. Keine dieser Studien hat ein klares Profil des idealen Leaders hervorgebracht. Gott sei Dank" [2].

Das Zitat stammt vom amerikanischen Topmanager, Universitätsprofessor und Autor Bill George, der sich wie viele andere Menschen für den Zusammenhang von Authentizität und Leadership interessiert. Seine Zufriedenheit darüber, dass in diesen Studien eben kein standardisierter Leadership-Stil gefunden wurde, begründet Bill George damit, dass die Führungspersonen sonst auf ewig versuchen würden, diesen nachzumachen. Dabei würden sie zu einer Persona werden, was die Menschen wiederum sofort durchschauen würden [2]. Bill George meint: "Niemand kann authentisch sein, indem er versucht, jemand anderen zu imitieren. Man kann von den Erfahrungen anderer lernen, aber es gibt keinen Weg zum Erfolg, wenn man versucht, so zu sein wie sie. Die Leute

S. Bannwart, *Authentisch kommunizieren*,
https://doi.org/10.1007/978-3-662-72818-5_6

vertrauen einem, wenn man genuin und authentisch ist, nicht die Kopie von jemand anderem" [2].

Wir wollen an dieser Stelle einen kurzen Ausflug in die Welt der Leadership-Thematik machen, und zwar besonders dorthin, wo authentische Leadership als geeignete Richtlinie für Führungspersonen postuliert wird. Das ist besonders nach der Jahrtausendwende geschehen, als in Anbetracht diverser Skandale bei großen Unternehmen verschiedentlich ein schwindendes Vertrauen in Manager konstatiert wurde. Authentizität als Guideline für Leadership wurde als Gegenmittel zu diesen Entwicklungen gesehen [3].

Auch Bill George war der Meinung, man könne solche Probleme nicht mit Regulierung lösen, sondern mit einer neuen Art von Führung. Bereits 2003 veröffentlichte er ein erstes Buch zum Thema authentisches Führen, und ein weiteres 2007, dann als Ergebnis der Arbeit eines Forschungsteams, das in einer großangelegten Interviewserie mit vielen erfolgreichen Managern der Frage nachging, wie Menschen zu authentischen Führungspersonen werden und solche bleiben können. Schauen wir uns im Folgenden einige der Erkenntnisse und Thesen an, die aus diesem Projekt resultierten.

Die Antwort auf die Fragestellung, was eine erfolgreiche Führungskraft ausmacht, lautet, dass wahre, authentische Leader von allen Führungspersonen die erfolgreichsten und produktivsten sind. Aber was ist das, ein authentischer Leader? Was macht ihn authentisch und wodurch wird er unauthentisch? Bill George betont in Hinblick auf diese beiden Fragen, dass es kein ideales Führungsmodell gibt, dem man einfach folgen kann. Im Gegenteil vertritt er die Ansicht, dass man dazu aus seiner eigenen, jeweils individuellen Lebensgeschichte schöpfen müsse, um einen authentischen Führungsweg zu finden: Es geht nicht um eine universelle Charakteristik oder Fähigkeit, sondern um die Einzigartigkeit der eigenen Lebensgeschichte und Erfahrungen [1]. Ist das Verständnis einer Person für die eigene Geschichte ausgearbeitet, so ist es ihr möglich, in einer persönlichen Art zu führen. Denn erst wenn man erkannt hat, wer man selber ist, hat man das Potenzial und das Verständnis dafür, andere Personen zu führen.

Jede Führungsperson soll quasi zu einem eigenen Führungsmodell gelangen, und zwar mithilfe eines Prozesses, der verschiedene Punkte enthält, so Selbsterkenntnis, Definition von Werten und Prinzipien, Verstehen der eigenen Motivation, Aufbau eines Supportteams und Integration aller

Lebensaspekte in diesen Plan [1]. Ziel dieses Prozesses ist es, einen inneren Kompass zu finden, der einem zu dem hinführt, wer oder was man wirklich ist, also seinen eigenen "wahren Norden" zu finden – den "True North", der dem Buch von Bill George auch seinen Titel gibt (ebenso wie unserem Exkurs hier). Erst wenn man kohärent zu dem ist, was man wirklich ist, wird man eine erfolgreiche Führungspersönlichkeit werden und andere führen können. Erst durch einen solchen inneren Kompass kann sichergestellt werden, dass die eigene Leadership im Einklang mit der Person steht und somit die eigenen Werte, Motivationen und Prinzipien verkörpert [1]. Dann wird man als Führungskraft authentisch (Abb. 6.1).

6.2 Ein Marathon, kein Sprint

Dabei wird betont, dass es sich bei der Suche des wahren Nordens um eine lebenslange Herausforderung handelt. Sie kann tagtäglich durch Ereignisse und Entscheidungen beeinflusst werden. Der Weg dorthin folgt keiner geraden Linie zur Spitze, sondern ist durch Höhen und Tiefen charakterisiert. „Leadership is a journey, not a destination. It is a marathon, not a sprint", so wird dazu ein erfolgreicher Topmanager (John Donahoe) von Bill George zitiert [1]. Analog zur Vorbereitung für einen Marathon sollte man seinen Weg hin zu einem authentischen Leader in Etappen einteilen. Zudem wird eingeräumt, dass sich der eigene innere Kompass verändert, denn, das wurde in der groß angelegten Studie der Autoren festgestellt, auch der wahre Norden einer Person kann sich im Laufe des Lebens verschieben.

Was macht nun einen authentischen Leader im Konkreten aus? Authentische Führungspersonen sind Menschen, die wissen wer sie sind und die ihren Werten und Prinzipien auch in Zeiten treu bleiben, in denen sie mit Zweifeln und Herausforderungen konfrontiert sind. Außerdem schaffen sie Vertrauen bei ihren Mitarbeitern und motivieren diese dadurch, gemeinsame Ziele zu verfolgen. Einige Dimensionen, die für einen authentischen Leader essenziell sind, werden wie folgt definiert: [1] Zielsetzung oder Bestimmung, ohne die Führungspersonen ihrem Ego und ihrer narzisstischen Verwundbarkeit ausgeliefert sind; Herz, da authentische Führungspersonen sowohl mit ihrem Kopf wie auch mit

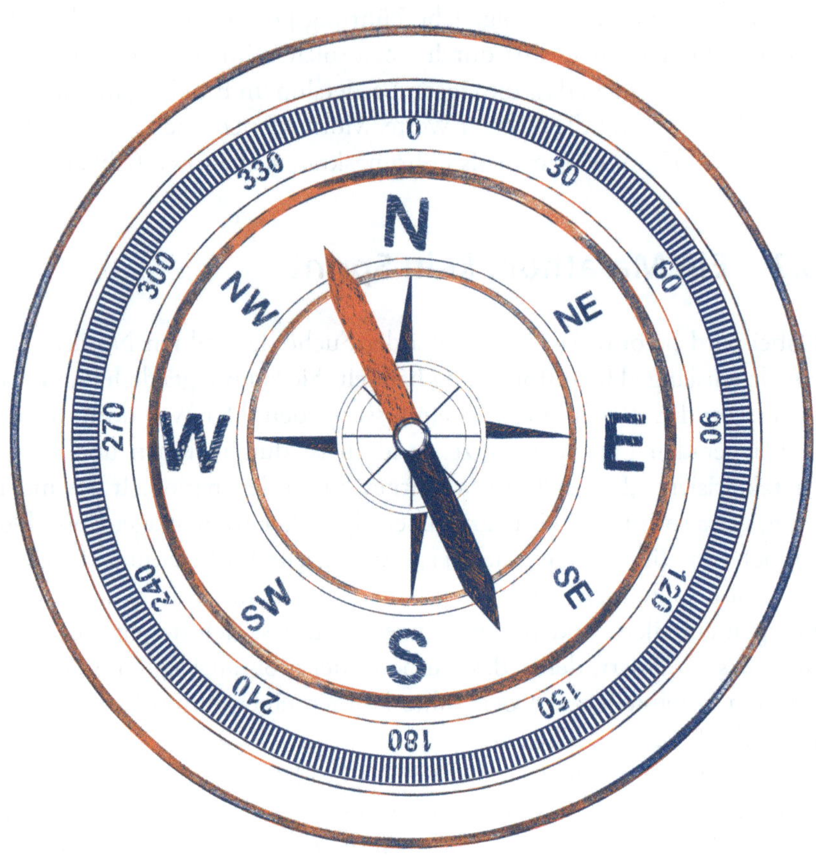

Abb. 6.1 Kompass (© S. Bannwart. All rights reserved.)

ihrem Herz führen und eine Leidenschaft für ihren Beruf und Empathie für ihre Mitarbeiter besitzen müssen; Selbstdisziplin, die in hohem Grad notwendig ist, um erfolgreich zu sein; Beziehungen, die entscheidend sind, um sich ein gutes Fundament aufzubauen; und persönliche Werte. Zu diesen Werten muss Integrität gehören, denn sie ist ein Wert, der von allen authentischen Führungspersonen erfüllt werden sollte: Nur durch Integrität kann man Vertrauen gewinnen.

Die Studienautoren räumen allerdings ein, dass Führungspersonen sich auf ihrem Weg auch verirren oder sogar komplett von ihm abkommen können [1]. Wie kann es dazu kommen, dass eine Person mit viel Führungspotenzial plötzlich versagt? Das wird auf die Art der Motivation zurückgeführt, die den Menschen antreibt. Unterschieden werden dabei zwei Arten von Motivation: einerseits die extrinsische Motivation, welche anhand der Außenwelt gemessen wird. Beispiele dafür sind Geld, Ruhm oder Macht. Auf der anderen Seite steht die intrinsische Motivation. Sie entspricht dem eigenen, wahren Norden und somit dem Sinn des Lebens. Ist die Motivation eines Menschen auf der persönlichen Ebene durch extrinsische Elemente gekennzeichnet, so steigt das Risiko, dass sich diese Person in der Befriedigung äußerer Bestätigung verfängt, Narzissmus entwickelt und so als Führungskraft versagt. Oft wird das durch Realitätsverlust, Angst vor dem Versagen oder dem Verlangen nach Erfolg ausgelöst [1]. Damit das nicht passiert, ist es wichtig, dass der eigene, innere Kompass gut ausgearbeitet ist. Er verhindert, vom Weg hin zum wahren Norden abzukommen. Wie bei allen Reisen ist es erforderlich, einen solchen Wegweiser, eine Karte oder einen Kompass zu besitzen, um an sein Ziel zu gelangen – so auch auf dem Weg hin zu einer authentischen Führungskraft. Der innere Kompass basiert dabei auf dem, was einem wichtig ist, auf den eigenen Werten und Leidenschaften, sowie auf den eigenen Quellen der Zufriedenheit.

6.3 Parallelen und Fragezeichen

Soweit einige Grundaussagen aus den Arbeiten von Bill George und seinem Team. Natürlich bilden deren Publikationen nicht die gesamte Forschung zum Thema authentische Leadership ab. Doch der breit gewählte

Ansatz mit über 125 Interviews mit erfolgreichen Führungspersonen, die Tatsache, dass es den Autoren gelungen ist, ihre Thesen griffig und bildhaft zu formulieren, und nicht zuletzt der darauf beruhende populäre Erfolg des Buches *True North: Discover your authentic leadership* machen sie zu einem guten Beispiel. Für uns sind diese Ansätze vor allem aus zwei Gründen von Interesse. Erstens erscheint uns nach dem, was wir im ersten Teil unseres Buches besprochen haben, vieles vertraut, und wir erkennen eine ganze Reihe unübersehbarer Parallelen zu unserem Thema:

- Die Existenz eines Standardstils oder -modells, das einheitlich funktioniert, wird verneint
- Im Gegenteil wird vom Menschen Einzigartigkeit statt Imitation gefordert
- Es wird festgestellt, dass Authentizität am meisten Erfolg bringt
- Die Aussage, dass Authentizität Selbsterkenntnis bedingt
- Das Erlangen von Selbsterkenntnis ist ein (lebens-)langer Weg und läuft über einen Prozess mit verschiedenen Elementen ab – wir hatten das mit dem Individuationskonzept Jungs beschrieben
- Es gibt ein Ziel (wir nannten es den inneren Kern, und hier ist die Rede vom wahren Norden), zu dem einem ein innerer Kompass führt
- Die Erkenntnis, dass Authentizität mit Sinnhaftigkeit zu tun hat

Das alles passt gut zu unseren Überlegungen. Eigentlich erstaunt das nicht allzu sehr, da es ja ebenfalls um Authentizität geht, hier eben speziell um deren Anwendung auf oder deren Verbindung mit dem Thema Leadership.

Was allerdings erstaunen kann, ist, wie wenig die Autoren sich auf die früheren Arbeiten der Psychologen beziehen, die die Grundlagen für die Art, wie wir heute über Authentizität nachdenken, überhaupt erst geschaffen haben. Beispielsweise werden Jung und sein Individuationskonzept mit keinem Wort erwähnt. Dabei stellt die Individuation, wie Jung sie beschrieben hatte, eine Art psychologisches Urmuster für den Selbstfindungsweg dar. Nun hatten wir bei der kurzen Einführung von Jung anlässlich des Vorstellens seiner Idee bereits darüber gesprochen, wie sehr er, neben Freud und anderen Pionieren der Psychoanalyse, unser heutiges Denken geprägt hat, und dass viele seiner Konzepte so sehr ins Allgemeingut eingegangen sind, dass sie ihm gar nicht mehr zugeschrieben werden. Ein weiteres Beispiel dafür ist die Verwendung des Begriffs der Persona wie eingangs des Kapitels beschrieben. Vielleicht könnte man sagen, dass Jung in gewissem Maße Opfer seines eigenen Erfolgs geworden ist. Aber es geht hier nicht um Ideengeschichte. Vielmehr kann das Vernachlässigen der psychologischen Grundlagen bei der Formulierung von Authentizitätskonzepten gravierende Folgen haben. Diese führen uns zum zweiten Punkt, warum uns die besprochenen Ansätze zur authentischen Leadership hier besonders interessieren.

Authentische Leadership wird zum Teil nämlich für etwas kritisiert [3], was auch in *True North* zum Vorschein kommt: die Gleichsetzung von Authentizität mit vorwiegend oder sogar ausschließlich positiven Attributen und einem Verhalten, das als sehr sozial ausgerichtet bezeichnet werden kann. Das kann zu einem Widerspruch zu Rollenbildern führen, was eine Führungsperson in einem bestimmten Kontext ausmacht. Es kontrastiert auch mit bestimmten Anforderungen an Leader, beispielsweise wenn diese einmal harte Entscheide fällen oder unpopuläre Dinge durchsetzen müssen. Wenn man also diese einseitig positive Vorstellung von dem, was Authentizität im Bereich Leadership sein soll, akzeptiert, sind Probleme, Frustrationen und Widerstände bei den Führungspersonen selber in Hinblick auf diese Konzepte geradezu vorprogrammiert. Sie können schlicht als zu einseitig, zu positiv und sogar unrealistisch wirken. Dann besteht die Gefahr, dass genau das entsteht, was man vermeiden wollte: ein Rezeptbuch, das eben nicht mehr wirkliche Authentizität postuliert, sondern ein hypothetisches Idealbild, das gar nicht erreichbar ist.

Damit das nicht geschieht, reicht es noch nicht aus, den Menschen beispielsweise zu raten, aus ihrer eigenen, individuellen Biografie zu schöpfen und damit eigene Führungsmodelle zu aufzubauen. Entscheidend ist eine Persönlichkeitsentwicklung, die das Unbewusste einbezieht, und vor allem auch die Schattenseiten des Menschen, so wie wir das zum Ende des letzten Kapitels beschrieben hatten. Ohne Integration der Schatten, das hatten wir bereits besprochen, wird der Mensch nicht authentisch.

Damit können wir, anhand des Beispiels der authentischen Leadership, auch ein mögliches Missverständnis, wie es hinsichtlich Authentizität grundsätzlich herrschen kann, ausräumen. Das Wort an sich, es kommt vom griechischen *authentikós* bzw. lateinischen *authenticus,* bedeutet *echt.* Diese Echtheit, die den ganzen Menschen umfasst, ist es erst, die ihm helfen kann, möglicherweise zu einem besseren Menschen zu werden – vielleicht auch zu einer besseren Führungsperson.

Fragen für persönliche Überlegungen an die Leserin und den Leser

- Erscheint Ihnen das Leadership-Modell des "wahren Nordens" von Bill George plausibel?
- Fallen Ihnen Beispiele von Führungspersonen ein, die besonders authentisch wirken, aus ihrem eigenen Umfeld oder in der Öffentlichkeit? Warum tun sie das?
- Kennen Sie selbst Ihren inneren Kompass und Ihren "wahren Norden"?

Was Sie aus diesem Kapitel mitnehmen können

- Ein Exkurs führt uns in den "wahren Norden". Unter diesem Titel hat vor einiger Zeit der erfolgreiche Topmanager, Harvardprofessor und Buchautor Bill George ein Konzept für "authentische Leadership" präsentiert. Der beste Führungsstil sei der authentische, so sagen er und sein Team. Jeder Manager müsse aufgrund seines persönlichen Weges seinen eigenen Stil finden und wählen.
- Dieser Ansatz weist Parallelen zu dem auf, was wir in diesem Buch für die Kommunikation postulieren. Doch die Authentizität als Leadership-Prinzip wird zu einseitig positiv dargestellt. Es fehlen beispielsweise die Einsichten aus der Psychologie Jungs wie Individuation und das Schattenphänomen.
- Diese Vernachlässigung birgt die Gefahr der Einseitigkeit. Wenn wir Authentizität eines Managers auf Eigenschaften reduzieren, die als positiv gelten, laufen wir Gefahr, ihre wahre Bedeutung, die der Echtheit, zu verkennen.

Nach diesem kurzen Exkurs in den "Wahren Norden", also unserer Beschäftigung mit der Idee, dass Authentizität ein Modell für gute Leadership ist, kehren wir wieder zu unserem Thema zurück, dem authentischen Kommunizieren. Hatten wir in den ersten Kapiteln des Buches den Schwerpunkt auf verschiedene Elemente der Authentizität und auf ihre Verbindungen mit und ihre Auswirkungen auf die Kommunikation gelegt, wird es nun Zeit, sich eingehender mit der Kommunikation selber zu befassen, und mit der Frage, was sie authentisch macht. Dazu werden wir im nächsten Kapitel ein einfaches und praxiserprobtes Modell betrachten, wie man Kommunikation systematisch und strategisch angehen kann, und warum man das tun soll. In weiteren Kapiteln diskutieren wir die Frage des Verhältnisses von Form und Funktion, d. h. der für authentisches Kommunizieren anzustrebenden Kongruenz von Auftrittsform und Kern, die wichtige Bedeutung von Emotion in der Kommunikation, und schließlich das wirkungsvolle Vorbereiten, Üben und Proben, das uns hilft, unsere kommunikativen Auftritte authentisch und damit überzeugend zu gestalten.

Literatur

1. George, Bill (2007) True North: Discover Your Authentic Leadership. San Francisco, S. xxiii, 3, 8, 14–15, 27, 29–35, 65–66
2. George, Bill; Sims, Peter; McLean Andrew N.; Mayer, Diana (2018) Discovering Your Authentic Leadership, In: Authentic Leadership, HBR Emotional Intelligence Series. Harvard Business School Publishing Corporation, Boston, S. 3–4

Internetquellen

3. Ladkin, Donna., Spiller, Chellie., Craze, Gareth (2018) authenticity and Individuation: A Jungian Contribution To The Theory and Practice Of Leading Authentically, University of Pearl Plymouth, (S. 3–9) unter: https://pearl.plymouth.ac.uk/bitstream/handle/10026.1/10897/Authenticity%20as%20Individuation%20for%20Leadership%20FINAL.pdf?sequence=1&isAllowed=y Zugegriffen: 30. Aug. 2020

Teil II

Wie kommuniziert man authentisch: praktische Anleitung

7

Das Ziel und der Weg

7.1 Elvis lebt

Man kann sich fragen, ob Elvis, sollte er tatsächlich noch leben, heute immer noch einen von Hand auf Papier geschriebenen Liebesbrief in einem Umschlag zum Briefkasten tragen oder dem Pöstler in die Hand drücken würde, wie er das in einem seiner bekannten Songs erzählt. Er hatte sich, so lässt er uns wissen, mit seiner Angebeteten verkracht und ihr darauf einen Brief mit einer Entschuldigung geschickt. Doch dieser Brief kommt immer wieder an ihn zurück, auch nachdem er es per Einschreiben versucht hat, und darauf steht, von Hand geschrieben: "Zurück an den Absender", englisch: "Return to sender", was den Titel des Hits gegeben hat [1].

Doch das Thema des richtigen Kommunikationskanals steht für uns jetzt nicht im Vordergrund – noch nicht, wir werden darauf zurückkommen. Wir müssen uns darüber im Klaren sein, dass der Song ja aus den frühen sechziger Jahren des letzten Jahrhunderts stammt, als Briefeschreiben noch en vogue war. Andernfalls gäbe es ihn nicht, und wir müssten ein anderes Beispiel suchen, um die fünf Grundelemente zu besprechen,

S. Bannwart, *Authentisch kommunizieren*,
https://doi.org/10.1007/978-3-662-72818-5_7

in die man jegliche Kommunikation einteilen kann. Doch warum sollen wir eine solche Einteilung überhaupt vornehmen, und was bringt sie?

Die Basis des Fortschritts, den Menschen in der Kommunikation machen können, wird durch verstärktes Bewusstsein und systematisches Vorgehen gelegt. Erst wenn man sich der Dinge bewusst wird, kann man an ihnen arbeiten, sie zu steuern und zu verbessern versuchen. Zum Bewusstsein kommt die Systematik hinzu. Erst wenn man eine solche in seinen Tätigkeiten und Aufgaben erkennt, kann man diese gezielt verbessern und das auch auf effiziente Weise und mit nachhaltigem Erfolg tun. Das alles gilt nicht nur für Menschen, sondern auch für die Unternehmen, für die diese menschen arbeiten (Abb. 7.1).

7.2 Die Strategie

Bewusstes und systematisches Vorgehen heißt, dass man eine Strategie hat und verfolgt. Aber steht strategisches Vorgehen nicht im Widerspruch zur Authentizität, indem es die Gefahr heraufbeschwört, sich zu verstellen, und so vom Kern abzuweichen? Nein, das Gegenteil ist der Fall. Wir sehen hier einmal mehr eine Parallele zu dem, was die alten Philosophen und die modernen Psychologen uns für unser Leben überhaupt sagen: Es geht um mehr und höheres Bewusstsein, das uns auf unserem Weg zur Selbsterkenntnis und schließlich zu einem sinnerfüllten Leben hilft. Und was für das Leben an sich gilt, gilt auch für die Kommunikation. Mit bewusstem und systematischem – also strategischem – Vorgehen wird unsere Kommunikation authentischer. Denn einerseits arbeiten wir am Verständnis des Inneren, und andererseits haben wir die Möglichkeit, den äußeren Auftritt entsprechend zu gestalten und mit diesem Inneren kongruent zu machen. Wenn der Auftritt dem inneren Kern entspricht, dann kommunizieren wir besser und erfolgreicher: wir überzeugen.

Die für die Systematik so hilfreichen fünf Schritte oder Elemente der Kommunikation, die wir nun gleich anschauen, lassen sich gut mit dem alten Elvis-Song darstellen. Auf sie gestoßen bin ich aber auf ganz andere Weise, nämlich in meiner Arbeit als Kommunikationsberater. Vor vielen Jahren sollte ich für einen Kunden eine Kommunikationsstrategie ausarbeiten. Meine Aufgabe bestand darin, darzustellen, wie man die Kom-

Abb. 7.1 Elvis (© S. Bannwart. All rights reserved.)

munikation für ein neues, unabhängiges Unternehmen aufbauen, ausgestalten und organisieren sollte. Natürlich habe ich versucht, das Ganze so gut wie möglich systematisch zu gliedern, einerseits damit es logisch Sinn macht, und andererseits damit es so einfach wie möglich umsetzbar ist. So bin ich auf diese Gliederung der Kommunikation in fünf Schritte gekommen, und habe diese Basiselemente ein erstes Mal auf eine kommunikative Aufgabe angewandt.

Das Konzept kam beim Kunden sehr gut an, und ermutigt durch diesen Erfolg und das positive Feedback habe ich dieses Denkraster in der Folge immer wieder angewandt. In der inzwischen jahrzehntelangen praktischen Erfahrung hat sich erwiesen, dass sich die Methode auf jede Kommunikationsthematik anwenden lässt. Die relativ einfache Rasterung erlaubt, auch scheinbar noch so komplexe Themen und Problemstellungen anzugehen und schließlich in den Griff zu bekommen. Somit stellt sie eine extrem praxistaugliche Basis für die eigentliche Kommunikationsarbeit dar. Sie passt auch auf einzelne Situationen, und deshalb nehmen wir als Erklärungsbeispiel diejenige, von der uns Elvis in seinem Song erzählt.

7.3 Fünf Schritte

7.3.1 Ziele

Beispiel

Elvis verfolgt mit seinem Brief ein bestimmtes Ziel: So wie es aussieht, will er sich mit seiner Freundin versöhnen, mit der er einen Streit hatte. Er kommuniziert also, um etwas Bestimmtes zu erreichen – die Versöhnung. Das gilt grundsätzlich: Mit Kommunikation verfolgt man Zielsetzungen – ob bewusst oder nicht. Aber natürlich hilft es, klar zu wissen, welches Ziel oder welche Ziele man verfolgt, wie wir ja oben gerade besprochen haben.

Meist geben wir uns nicht die Mühe, groß über die Zielsetzungen unserer Kommunikation nachzudenken, und das ist durchaus verständlich. So haben wir nicht bei jeder kleinsten Interaktion immer die Zeit, uns zu fragen, was genau wir mit der dazugehörigen Kommunikation bezwecken. Denn im Alltag sind die Zielsetzungen oft klar bzw. implizit in der Kommunikation enthalten. Wenn wir in der Bäckerei ein Croissant bestellen, dann ist allen Beteiligten klar, um was es geht. Der Raum für Fehler und Missverständnisse ist ziemlich klein, und sollten doch welche entstehen, können sie schnell und ohne große Folgen korrigiert werden. Aber auch wenn viele Situationen auf den ersten Blick vielleicht genauso eindeutig erscheinen mögen wie das Croissant-Kaufen, so sind sie es nicht, wenn man genauer hinschaut.

Wenn sich eine Person in ein Jobinterview begibt, wird es ihr in aller Regel darum gehen, die Stelle zu erhalten. Aber die Sache ist vielschichtiger. Ist man etwa schon entschlossen, den Job anzunehmen, oder will man zuerst noch wichtige Informationen in dem Gespräch erfahren? Gibt es Dinge, die man verhandeln will? Wo liegen die Ansprüche, Wünsche und Grenzen? Wie sieht es aus, wenn man diesen Job nicht bekommen sollte oder doch nicht will? Hat man trotzdem die Absicht, mit diesem Unternehmen für die Zukunft in Hinblick auf andere Positionen eine Beziehung aufzubauen? Will man in dem Interview bloß seine Marktfähigkeit testen? Vielleicht findet das Gespräch mit einem Headhunter statt, der einem in Zukunft durch andere Jobangebote helfen kann, oder weil man ihn eines Tages selber beauftragen könnte, eigene Mitarbeiter zu finden. Alle diese Fragen weisen auf ein und dieselbe Grundfrage hin: Was will man erreichen? Oder, anders formuliert: Was ist das Ziel?

Ganz offenbar lohnt es sich oft, darüber nachzudenken, was die Zielsetzung der Kommunikation ist, besonders wenn es um viel geht. Ein erstes mögliches Ziel ist die Informationsvermittlung, die in jeder Kommunikation steckt. Man will seinen Zielgruppen etwas bekannt machen oder wieder in Erinnerung rufen, also den Bekanntheitsgrad steigern. Dabei kann es sich um eine Idee, eine Person, ein Unternehmen, seine Angebote oder seine Eigenschaften handeln. Damit verfolgt man natürlich bestimmte Absichten, etwa eine Handlung auszulösen. Unternehmen wollen mit ihrer Kommunikation meist den Absatz ihrer Angebote fördern, also den Kauf ihrer Produkte oder Dienstleistungen durch ihre Kunden erreichen. Dann ist Kommunikation ein klassisches Marketingthema. Zu den Zielen des Marketings gehören auch der Aufbau von Marken und das Branding. Dort geht es um Wiedererkennbarkeit, Differenzierung und Marktpositionierung. Das führt uns zu einem weiteren Kommunikationsziel: der Beeinflussung der Wahrnehmung. Hier geht es nicht primär um die Vermittlung von Informationen, das Bekanntmachen von Themen oder das Auslösen einer Handlung (wie den Kauf eines Produktes), sondern darum, zu versuchen, die Art, wie die Zielgruppen ein bestimmtes Thema wahrnehmen, zu steuern.

Oft verfolgt der Absender mit der Kommunikation mehrere Ziele, und diese können in einem hierarchischen Verhältnis zueinander stehen. Manchmal merkt man, dass das, was man als eigentliches Ziel angeschaut hat, gar nicht das Wesentliche ist, und dass es noch übergeordnete gibt, die wichtiger sind. Also gilt zu klären, um was es in dieser Sache wirklich geht. Sich über Ziele und Zielhierarchien im Klaren zu sein, ist ebenfalls sehr wichtig, weil sich viele unserer Aktivitäten in Kooperation mit anderen Menschen abspielen. Ohne eine gegenseitige Verständigung über den Sinn und Zweck dessen, was man tut, ist das nur schwer möglich. Die Kommunikation kann ja nicht nur von einem Individuum ausgehen, sondern auch von einer Gruppe oder einer Organisation wie einem Unternehmen oder der Regierung, oft vertreten durch einzelne Exponenten, manchmal durch einen professionellen Sprecher. Doch wie soll so ein Einzelvertreter für die ganze Gruppe bzw. Organisation sprechen, wenn er gar nicht weiß, was diese will? Das geht nur, wenn deren Kommunikationsziele im Voraus definiert werden und allen beteiligten Personen bekannt sind. So dient das Bewusstmachen dieser Ziele auch der Koordination und der Zusammenarbeit von Menschen.

Es ist erstaunlich, wie oft man in der Praxis Problemen begegnet, weil die oben aufgeführten Punkte nicht beachtet werden: Fehlendes Bewusstsein, was mit der Kommunikation genau erreicht werden soll oder Unklarheit über die Hierarchie der Ziele mit der Folge, dass Wichtiges mit Unwichtigem verwechselt wird. In Organisationen sind Ziele oft nicht abgestimmt, oder die beteiligten Personen kennen sie nicht oder sind sich nicht über sie einig. Solche Probleme lassen sich mit systematischem Vorgehen, wie wir es hier beschreiben, leicht vermeiden. Damit kann man auch verhindern, dass Maßnahmen ergriffen werden, die nicht in die richtige Richtung gehen, die unwirksam und ineffizient sind. Das geschieht etwa dann, wenn man das Pferd beim Schwanz aufzäumt und von hinten beginnt – also zuerst bei den Maßnahmen (die wir im fünften Punkt besprechen werden). Die Definition, d. h. das Bewusstmachen und Festhalten, von Zielen ist der erste Schritt dazu, sie effektiv und effizient erreichen zu können.

7.3.2 Zielgruppen

Beispiel

Elvis' Brief hat einen klaren Adressaten: seine (Ex-)Geliebte, die er offenbar nicht zu erreichen vermag, wie uns der Song immer wieder sagt. Auch das ist universell: Kommunikation richtet sich immer an Zielgruppen, mögen sie ganz klein (wie hier im Beispiel eine einzige Person, die Freundin) oder riesig sein (wenn Elvis auf der Bühne stand, einen Kinofilm drehte oder im Fernsehen auftrat, und sich dabei an ein großes, manchmal weltweites Publikum wandte). Zum Ziel gehört also die Zielgruppe. Elvis ist, in der Geschichte seines Songs, bereits an der ersten Hürde steckengeblieben und in die Schlaufe geraten, von der er uns erzählt.

Auch bei den Zielgruppen gilt, was wir bereits bei den Zielen gesehen haben: teils sind sie quasi in der Kommunikation implizit enthalten, teils muss man genauer überlegen, an wen man sich eigentlich und letztlich wendet. Für viele Unternehmen, aber auch für Politiker, Sportler oder Vertreter des Showbusiness (man denke an unsere Schauspieler aus dem ersten Kapitel) sind etwa die Medien eine wichtige Zielgruppe. Aber wie ist es genau? Die Medien selber werden durch Journalisten vertreten, also könnte man sagen, dass diese die Zielgruppe sind. Und gehen wir noch eine Stufe weiter, so kann man argumentieren, dass die Medien (bzw. die Journalisten, die für diese arbeiten, oder die Influencer, die auf Social Media präsent sind) in Wirklichkeit eine Art Intermediär darstellen. Sie sind es ja nicht, die in großen Zahlen die Kinotickets kaufen respektive den Film auf Netflix streamen. Vielmehr sollen sie via ihre Berichterstattung über Filme, Serien oder deren Stars, um bei diesem Beispiel zu bleiben, ihre Leser oder Zuschauer dazu bringen, das zu tun.

Zielgruppen lassen sich einfach feststellen, auflisten und kategorisieren, wenn man sich die Frage stellt, in welchem Verhältnis man zu ihnen steht. In der klassischen Unternehmenskommunikation ist das eine Perspektive, die von der Logik des Stakeholder-Modells aus der Betriebswirtschaftslehre inspiriert ist. Bei einem Unternehmen haben wir es dann mit Zielgruppen wie Mitarbeitenden, Management, Kunden, Investoren, Lieferanten, Medien usw. zu tun. Man kann das Beliebig und nach Bedarf ergänzen und verfeinern. Weitere Punkte, die dabei helfen können, Zielgruppen präzise zu definieren, sind die folgenden Fragen: Haben wir es mit einem Menschen oder einer Organisation zu tun? Wer ist der eigentliche Entscheider bei unserer Zielgruppe (wenn es sich um ein Kollektiv oder eine Unternehmung handelt), auf den es ankommt und den wir überzeugen wollen? Gelangen wir direkt zu unserer Zielgruppe oder müssen wir indirekt, also via Intermediäre, vorgehen? Auf solche Weise kann man die verschiedenen Zielgruppen sinnvoll auflisten und einteilen. Und auf dieser Basis kann man dann gut Prioritäten definieren und die nächsten Schritte tun, also die Botschaften, Inhalte und Maßnahmen bestimmen, wie wir es in den folgenden Abschnitten beschreiben werden.

7.3.3 Botschaften

Beispiel

Der Brief von Elvis enthält eine Botschaft: Explizit genannt wird, dass er sich entschuldigt, offenbar im Zusammenhang mit dem Streit, den die beiden vorgängig hatten. Eine weitere, implizite Botschaft, von der wir ausgehen können, ist das Angebot zur Versöhnung, eine andere könnte sein, dass er ihr seine Liebe gesteht. Auch das wiederum ist immer Teil von Kommunikation: Es werden Botschaften vermittelt. Es kann sich um solche handeln, die explizit ausgesprochen werden, und um solche, die implizit darin enthalten sind.

Zur näheren Betrachtung des Themas Botschaften gehen wir nun in eine Kaffeepause. Aber bitte jetzt nicht den Text zur Seite legen, denn die Kaffeepause machen wir hier, im Buch selber, wo wir uns zu einer Kaffeemaschine begeben, etwa so, wie es George Clooney ab und zu in seinen

Werbespots für den berühmten Kapselkaffee macht, wie wir es ganz zu Beginn des Buches gesehen hatten. Natürlich kann man die Zeit, in der man auf seinen Kaffee wartet, abhängig davon, wen man bei der Maschine trifft, wie George vor allem mit Flirten verbringen. Aber manchmal trifft man eine Person, der man schon lange etwas mitteilen oder etwas mit ihr besprechen wollte, einen Kollegen, Vorgesetzen oder einen wichtigen Decision Maker bei einem Kunden oder in der Pause an einer Konferenz. Solche unerwarteten Begegnungen sind perfekte Gelegenheiten, um mit dieser Person kurz in Kontakt zu treten, mit ihr zu kommunizieren und – um bestimmte Botschaften zu platzieren.

Natürlich kommt einem jetzt der sprichwörtliche *Elevator Pitch* aus der Marketingwelt in den Sinn. Der Begriff *Elevator Pitch* stammt bekanntlich von der imaginierten Situation, dass man jemanden beim Einsteigen in den Lift trifft (daher das englische Wort "elevator"). So hat man für die Dauer der Fahrt die Gelegenheit, mit dieser Person zu kommunizieren und ihr eine bestimmte Idee zu verkaufen (das wäre dann der "pitch"). Das Prinzip ist analog zu derjenigen in der Kaffeemaschinensituation. Ich ziehe diese als Vorstellungshilfe aber deutlich vor, etwa wenn ich mit Kunden arbeite und wir gemeinsam versuchen, ihre zentralen Botschaften zu erarbeiten. Wir haben in Europa einfach nicht genug Wolkenkratzer, die den *Elevator Pitch* besonders realistisch machen, und die Kaffeemaschinenbegegnung lässt anhand ihrer Offenheit viel mehr Varianten zu: Sie kann kürzer oder länger dauern, es können mehr oder weniger Menschen dabei sein, und im Gegensatz zu den Personen im Lift haben wir es auch nicht mit einer "captive audience" (wörtlich: "gefangenes Publikum") zu tun – man kann schließlich jederzeit davonziehen.

Ob vor der Kaffeemaschine oder im Lift: es geht um das Modell für eine Situation, in der man aufgrund der sehr knappen Zeit, die einem zur Verfügung steht, nur eine äußerst konzentrierte Form verwenden kann. Man muss sein Anliegen vollkommen auf den Punkt bringen, und dieses Kondensat entspricht in aller Regel der Kernbotschaft. Die Botschaft ist also, was wir der Zielgruppe (oder den Zielgruppen) in unserer Kommunikation vermitteln wollen, um so unsere Ziele zu erreichen.

Manchmal haben wir nur eine einzige Botschaft, aber manchmal sind es mehrere, vielleicht gibt es noch Unterbotschaften, eben je nach Situation oder Aufgabe. Dieses Prinzip haben wir schon ähnlich bei den Zielen selbst und auch bei den Zielgruppen gesehen. Wollen wir diese gliedern, eignet sich die Vorstellung eines Baums sehr gut. Solche Bäume kommen ja in der Genealogie vor, oder wir kennen Entscheidungsbäume. Genau wie für unseren Zweck, der Systematisierung von Kommunikationsbotschaften, geht es um eine Verästelung, d. h. ich komme von einer bestimmten Stufe zu einer nächsten. Dann werden beim Baum die Äste immer dünner, und gleichzeitig nimmt in der Regel ihre Anzahl zu. So ist es auch bei den Kommunikationsbotschaften. Wir beginnen mit der wichtigsten Botschaft (dem Stamm), gehen eine Stufe tiefer zu untergeordneten Botschaften (die ganz dicken Äste), noch tiefer (die dünneren Äste) bis wir allenfalls bei den dünnen Zweigen angelangen. So schaffen wir mit dem Bild des Baumes eine Übersicht.

7.3.4 Inhalte

Beispiel

Elvis' Brief hat einen Inhalt. Allzu viel wissen wir nicht darüber: Außer der Entschuldigung, die er ausspricht, sagt er nichts Genaues und wir müssen spekulieren. Vielleicht sagt er der Freundin, dass er sie vermisst, wie sehr sie ihm fehlt, wie toll sie ist, oder ähnliches und anderes – der Fantasie der Zuhörer sind keine Grenzen gesetzt. Doch wie unterscheidet sich der Inhalt von der Botschaft, und warum trennen wir die beiden Kategorien? Der Inhalt ist, was im Brief steht, die Botschaft ist, was der Brief aussagen soll. Die Botschaft mag dabei explizit sein oder nicht. Beispielsweise wissen wir nicht, ob er wirklich Wort für Wort sagt, dass sie ihm fehlt. Oder wir wissen nicht, ob er ihr ausdrücklich schreibt, dass er sie liebt. Also könnte die Botschaft, dass er sie liebt, darin enthalten sein, dass er ihr sagt, dass sie ihm fehlt. All das zeigt, in diesem einfachen Beispiel eines Liebesbriefes, dass Botschaft und Inhalt nicht das gleiche sind, und dass das erste über das zweite vermittelt wird – ausgesprochen oder eben nicht. Und wiederum gilt, was wir beim Elvis-Song hier sehen, für Kommunikation grundsätzlich.

Wir können also Botschaft und Inhalt konzeptuell unterscheiden, und zwar unabhängig davon, ob in einer Kommunikation die Dinge ganz direkt gesagt werden (also mit einer klar und ohne Umweg ausformulierten Botschaft), oder ob es eher indirekt geschieht. Aber warum soll man Botschaften denn überhaupt indirekt mitteilen und welche Rolle kommt dabei dem Inhalt zu? Ein Grund kann in gesellschaftlich akzeptierten oder vorgeschriebenen Konventionen bestehen. Oft gebietet es die Höflichkeit, indirekt vorzugehen, oder man zeigt damit Sozialkompetenz. Wenn unsere Jobkandidaten etwa die Botschaft platzieren wollen, dass sie zu den intelligentesten ihres Jahrgangs gehören, kann es angebracht sein, das nicht direkt auszusprechen, sondern beispielsweise die mit Auszeichnung gemachte Abschlussarbeit anzuführen. Mit dieser leichten Verschiebung hin zu einem verwandten Inhalt kommt die Botschaft genauso an. Neben Eigenlob ist auch Kritik an anderen etwas, was manchmal besser in einer geschickt verpackten Form vermittelt wird.

Ein weiterer Grund für indirektes Platzieren von Botschaften liegt darin, dass unsere Zielgruppen sich oft nicht wirklich für sie interessieren – die Absender sind es ja, die etwas erreichen und dazu diese Botschaften übermitteln wollen. Dann kann man den Umweg über einen Inhalt wählen, der die Zielgruppen vom Thema her anspricht und für diese attraktiver ist. Die Botschaften werden gleichsam nebenbei angebracht. Auf diesem Mechanismus basiert ein Kommunikationskanal wie das Sponsoring. Über Kommunikationskanäle sprechen wir im nächsten Abschnitt noch genauer, aber bleiben wir einen Moment beim Thema Sponsoring. Gesponsert werden Inhalte, die für die Zielgruppen der Kommunikation von Interesse sind. Wenn ein Sponsor einen bestimmten Sportanlass unterstützt, kann er das in seiner Kommunikation nutzen, mit Einladungen zum Anlass selber, mit Bildern, die er auf Social Media postet und in seinen Marketingunterlagen oder auf seiner Website zeigt. Das alles lockt die Kunden an, die sich für den Sport und den Anlass interessieren, und bei dieser Gelegenheit lassen sich gleichzeitig Botschaften des Sponsors übermitteln.

Ein analoges Beispiel liegt bei den vielen Experten von Unternehmen, die sich öffentlich zu den verschiedensten Themen äußern. So kann man täglich Finanzanalysten oder Ökonomen von Banken in diversen Medien sehen, die sich zum Verlauf des Bruttosozialprodukts, zur Entwicklung an den Börsen oder zu Wechselkursen äußern. Dabei spielt es für die Bank keine Rolle, ob ein Wechselkurs steigt oder fällt, sie verdient ja am Handel Geld, aber indem sie einen Experten ins Fernsehen schickt, der sich dort zum Auf- und Ab solcher Kurse verlauten lässt, platziert die Bank auf indirekte Weise eine Reihe von Botschaften wie: Wir existieren, wir sind Experten für wirtschaftliche Fragen, oder auch: Wir sind vertrauenswürdig – denn sonst würden wir ja nicht ins Fernsehen eingeladen. Erneut sehen wir das gleiche Prinzip: Es wird ein Inhalt gewählt, der die Zielgruppen interessiert, um damit indirekt seine Botschaften zu platzieren.

Ein dritter Grund, der dafür spricht, seine Botschaften nicht einfach direkt auszusprechen, liegt in einer tiefverwurzelten menschlichen Charakteristik: Menschen lieben Geschichten. Und mehr als das: Menschen brauchen Geschichten, sie sind die geschichtenerzählende Spezies. Ganz offenbar interessieren uns Geschichten oft mehr als Theorien, und es scheint uns leichter zu fallen, aus Geschichten zu lernen. Das geht in früheste Zeiten zurück, lange bevor die Schrift entstanden ist. Das Wissen und vieles mehr, Kultur, Gebräuche, Weisheit, Spiritualität wurden früher ja bloß durch Geschichten weitergegeben und von fernen in gegenwärtige Epochen transportiert. Wir erinnern uns etwa an die Mythen, die wir im ersten Teil des Buches angesprochen hatten. Auf der ganzen Erde begegnen wir der archetypischen Heldenreise, die lange vor der Zeit entstand, in der ihre Grundidee von Jung mit dem abstrakten Konzept der Individuation in einer modernen psychologischen Sprache gedacht, formuliert und festgehalten wurde.

Und auch dieses Buch bedient sich vieler Geschichten, weil der Autor weiß, dass seine Botschaften so verständlicher und unterhaltsamer vermittelt werden können, und eine größere Chance besteht, dass sie dem Leser in Erinnerung bleiben.

7.3.5 Instrumente, Kanäle, Maßnahmen

Beispiel

Das letzte Element schließlich sind die Instrumente, Kanäle und Maßnahmen der Kommunikation. Hier geht es darum, wie der Absender seine Zielgruppen erreichen, ihnen seine Inhalte und die darin enthaltenen Botschaften übermitteln und so letztlich seine gesetzten Ziele erreichen will. Elvis nutzt dazu das Mittel des Briefes, den er schreibt, und den er dem Postboten übergibt (sein Kanal). Leider funktioniert das nicht wirklich, er scheint in einer Schlaufe gefangen zu sein, die er uns refrainmäßig vorträgt. Die Angebetete weist das Ganze wiederholt ab. Auch nach der Steigerung, den Brief eingeschrieben zu senden, kommt er wieder zurück zum Absender, was die eingängige Titelzeile des Songs liefert: "Return to sender". Manchmal muss man, wenn Botschaften nicht ankommen, den Kanal wechseln. Elvis kündigt dies am Schluss des Songs an: Er will den Brief mit der Botschaft nun selber überbringen, und wir hoffen für ihn, dass dieser letzte Versuch von Erfolg gekrönt ist.

Es gibt eine ganze Reihe solcher Instrumente, Kanäle und Maßnahmen. Der wichtigste Kommunikationskanal überhaupt ist der persönliche Kontakt. Im direkten, physischen Zusammentreffen von Menschen kann eine Unmenge an Information ausgetauscht werden, verbal und nichtverbal, in einer umfassenden Art und Weise, die unübertroffen bleibt. Natürlich hat die technische Entwicklung die Bandbreite der Möglichkeiten erweitert. Sie macht aus dem persönlichen Kontakt einen virtuellen, aber immer noch stehen sich Mensch und Mensch gegenüber, wenn auch die Qualität der Begegnung limitiert und beeinträchtigt ist. Ein weiterer Kommunikationskanal ist das Publishing (im weiteren Sinne). Hier wird, wie der Name sagt, etwas publiziert, also in einer bestimmten Weise festgehalten und dann durch bestimmte Instrumente oder Kanäle veröffentlicht. Auch hier sind zu den physischen Möglichkeiten (wie dem Buch) verschiedene weitere Medien hinzugekommen, und mit dem Internet befinden wir uns in einer virtuellen Welt.

Mit diesem fünften Element haben wir den Kreis unserer Kommunikationssystematik geschlossen. Wichtig ist, immer mit den Zielen zu beginnen, denn um diese geht es ja. Oft erlebt man allerdings das Gegenteil: Es wird von hinten begonnen. Beispielsweise will jemand in einem Unternehmen ein bestimmtes Sponsoring-Engagement eingehen, aber man ist sich der Kommunikationsziele des Unternehmens nicht wirklich bewusst (oder nicht über sie einig). Dann kann es zu endlosen Diskussionen über Sinn oder Unsinn einer solchen einzelnen Maßnahme kommen, aber eine fundierte Beurteilungsgrundlage fehlt. Wir kennen beispielsweise, wenn wir Konsumenten sind, gute und weniger gute Sponsoring-Engagements von Unternehmen aus der Sicht der Kommunikationszielgruppen. Bei den einen sehen wir rasch, dass es perfekt passt und für den Sponsor (also den Absender der Kommunikation) Sinn macht, oder eben nicht. Dann fehlt offenbar eine strukturierte, fundierte Analyse. Wenn man aber im Voraus eine solche macht – und dabei unserem Modell mit den fünf Schritten, beginnend mit den Kommunikationszielen, folgt – hat man eine ideale Basis, um daraus eine erfolgreiche, wirkungsvolle und überzeugende Kommunikation abzuleiten, sie zu konzipieren und zu realisieren.

Und was geschah nun mit Elvis, den wir zuletzt am Briefkasten zurückgelassen hatten? Auch wenn er in seinen Songs weiterlebt, wie eben in "Return to sender", mit dem wir unsere Überlegungen hier begonnen haben, ist er natürlich viel zu jung gestorben, als Mensch, der nur ein mittleres Lebensalter erreichte, als Musiker und Idol, der seinen Abermillionen Fans auf aller Welt viel Freude brachte – und in Hinblick auf die Geschichte in unserem Song. Denn hätte Elvis das Zeitalter der Smartphones noch erlebt, so wäre die Sache mit Sicherheit anders verlaufen. Er hätte einen ganz anderen Weg gewählt, um sein Ziel zu erreichen – denjenigen zum Briefkasten hätte er sich sparen können. Die Idee, einen Brief zu schreiben und ihn dem Briefträger anzuvertrauen, gab seiner Geliebten ja erst die Möglichkeit, ihn immer wieder ungeöffnet zurückzusenden. Elvis hätte sein Versöhnungsangebot wohl singenderweise vorgetragen und es ihr per Sound- oder Videoclip geschickt. Das wäre sicher erfolgreicher gewesen – wer würde bei so einer Stimme nicht schwach werden?

Fragen für persönliche Überlegungen an die Leserin und den Leser

- Sind Sie bereit, wenn Sie Ihrem Chef (oder Ihrer Angebeteten, um nochmals auf das Song-Beispiel zurückzukommen) vor der Kaffeemaschine begegnen? Was werden Sie sagen?
- Wenn Sie im Song "Return to sender" an der Stelle von Elvis gewesen wären, was hätten Sie gemacht?
- Auf welche kommende berufliche Aufgabe werden Sie das Fünf-Schritte-Modell der Kommunikationsstrategie als nächstes anwenden?

Was Sie aus diesem Kapitel mitnehmen können

- Wenn wir unsere Kommunikation verbessern wollen, müssen wir systematisch und bewusst vorgehen – gerade, wenn wir Authentizität anstreben. Dazu stellen wir ein vom Autor in seiner Berufspraxis als Kommunikationsberater entwickeltes und seit Langem erfolgreich benutztes Modell vor.
- In diesem Modell teilen wir die Kommunikation in fünf Stufen ein: (1) Ziele, (2) Zielgruppen, (3) Botschaften, (4) Inhalte und (5) Instrumente, Kanäle, Maßnahmen. Mit den Zielen beginnend, bauen wir die Kommunikation Schritt für Schritt systematisch auf. Basierend auf diesem Vorgehen können wir die richtigen Elemente ableiten. Auch hier führt Bewusstmachen zu Authentizität und Erfolg.
- Wir können dieses systematische Vorgehen auf jegliche Kommunikationsaufgabe anwenden – vom Einzelprojekt bis zur Kommunikation eines ganzen Unternehmens. Es vereinfacht den Prozess und eignet sich zur Anwendung genauso für Individuen wie für Organisationen. Gerade in Unternehmen hat es den großen Vorteil, dass alle Beteiligten ein gemeinsames Konzept teilen und verwenden und somit koordiniert und einheitlich kommunizieren.

Internetquellen

1. Elvis Presley – Return To Sender (2008) YouTube.com, unter: https://www.youtube.com/watch?v=PU5xxh5UX4U. Zugegriffen: 24. Febr. 2021

8

Form und Funktion

8.1 Beim Kaiser von China

Ob Marco Polo, der berühmte Venezianer, im 13. Jahrhundert auf seinen Reisen wirklich bis nach China gelangte, ist umstritten. Mit Sicherheit aber wissen wir das von einem anderen großen Reisenden, ebenfalls einem Italiener, der seinerseits im 16. Jahrhundert unterwegs war: Matteo Ricci [1, 2]. Ricci gehörte dem Jesuitenorden an und war als Entdecker und Missionar nach China gekommen, einem Land, von dem man in Europa zu jener Zeit kaum etwas wusste, und in das nur wenige Fremde gelangten. Er hatte in Italien und in Portugal eine hervorragende akademische Ausbildung erhalten, so etwa am *Collegio Romano,* das damals von keinem geringeren als dem Philosophen Montaigne als das beste Seminar der Christenheit bezeichnet wurde [1, 2]. Mit Topkenntnissen in verschiedensten Disziplinen wie Mathematik, diversen Naturwissenschaften und bis hin zu Philosophie und natürlich Theologie [2] wurde Ricci zu einem Renaissancegelehrten von hohem Niveau.

Auch ganz spezifisch in Hinblick auf seine Mission in China bereitete sich Ricci während mehrerer Jahre akribisch vor, so in der portugiesischen

S. Bannwart, *Authentisch kommunizieren*,
https://doi.org/10.1007/978-3-662-72818-5_8

Enklave Macao, wo er nicht nur die chinesische Sprache in Wort und Schrift lernte, sondern sich auch mit der Kultur und der klassischen Literatur Chinas vertraut zu machen begann. Dabei muss man sich vor Augen halten, dass die chinesische Sprache damals als fast unlernbar galt, und es ja keine Lehrmittel gab. Man geht davon aus, dass Ricci dort eine eigentliche konfuzianische Gelehrtenausbildung durchlief. Angesichts dieses enormen Aufwands und der Schwierigkeiten, die Ricci und seine Kollegen auf sich genommen haben, um sich für das Vordringen auf ein noch unerforschtes Gebiet vorzubereiten, kommt einem etwa das jahrelange harte Training in den Sinn, welches die Astronauten durchlaufen müssen, die beispielsweise bei einer zukünftigen Marsmission dabei sein wollen.

Doch die Jesuiten wollten nicht zu fremden Planeten vorstoßen, sondern das Christentum verbreiten. Die größte Chance malten sie sich in China dann aus, wenn es ihnen gelänge, bis zum Kaiserhof vorzudringen, denn von dort aus, quasi von der Spitze der gesellschaftlichen Pyramide her, so waren sie überzeugt, könnten sie diese Aufgabe am besten ausführen. Um dorthin zu gelangen, passten sie sich in gewissem Maße den lokalen Gegebenheiten an und versuchten, Elemente der Kulturen ihrer Gastländer mit den eigenen zu verbinden. Das war weit weg von einem überheblichen Missionarsgehabe, wie man es sonst kannte. Man umschreibt das mit Begriffen wie Akkommodation [2] oder Inkulturation [1]. Diese Methode, zuerst von Jesuiten in Japan versucht, wurde insbesondere von Matteo Ricci bei seiner Tätigkeit in China verwendet und weiterentwickelt, und noch heute ist sein Name untrennbar mit ihr verbunden.

Im Jahr 1583 konnten Ricci und ein Mitbruder in einer südchinesischen Stadt, noch weit weg von Peking und vom Kaiserhof, eine erste Jesuitenresidenz gründen. Sie traten dabei, nach dem Vorbild ihrer japanischen Kollegen, wie buddhistische Mönche auf, übernahmen deren braunes Kostüm und hatten ihren Kopf und ihr Gesicht rasiert. Mit diesem Auftritt glaubten sie ihrer Funktion als Priester und Gelehrte am nächsten zu kommen. Dabei war es der Aspekt des Gelehrten, der am meisten verfing, denn die europäische Wissenschaft war das, was bei den

Chinesen auf den größten Anklang stieß. Der hochgebildete Ricci verbrachte die nächsten Jahre mit Schreiben, Übersetzen, Lernen und Lehren: Er begann mit einer, um es mit einem modernen Begriff zu nennen, kulturvermittelnden Arbeit, die von fundamentalem Wert für das zukünftige Verhältnis von China und dem Abendland wurde.

Doch die ersten Jahre waren sehr schwierig. Ricci musste in der südchinesischen Provinz ausharren, kam nur wenig vorwärts und war weit von seinem Ziel, dem Kaiserhof in Peking, entfernt. Da öffnete ihm sein bester chinesischer Freund, den er in der Zwischenzeit gewonnen und mit dem er eine Zusammenarbeit begonnen hatte – auch ein Gelehrter und Sohn eines berühmten Mandarins – die Augen. Die vom Vorbild in Japan tätiger Jesuiten inspirierte Idee, wie buddhistische Mönche aufzutreten, war im China der damaligen Zeit – es ist das Ende der Ming--Dynastie – völlig falsch. Natürlich spielten Buddhismus und Daoismus dort eine Rolle. Doch die Mönche genossen kein sehr hohes Ansehen, und so überzeugte der chinesische Freund Ricci davon, dass er, indem er deren bescheidenen Auftritt übernahm, sowohl seine Person und die Lehre, für die er stand, deklassierte.

Ganz im Gegensatz waren es die konfuzianischen Gelehrten, die im damaligen China eine führende gesellschaftliche Schicht bildeten und über höchstes Prestige verfügten. Ricci unterzog in der Folge seinen Auftritt einer radikalen Überholung. Er erscheint nun im prächtigen Kostüm des konfuzianischen Gelehrten, in roter und blauer Seide gearbeitet, mit langen Bändern und mit bestickten Seidenschuhen, er lässt sich die Haare und einen imposanten Bart wachsen, und wenn er sich auf Besuch begibt, lässt er sich auf einem Sessel tragen und von mehreren Dienern begleiten [1, 2]. Und siehe da, das Resultat bleibt nicht aus: Ricci wird nun zu einem intellektuellen Star, er kann die Provinz verlassen, und kommt, nach weiteren Stationen, schließlich 12 Jahre nach der Einreise an sein heiß ersehntes Ziel, nach Peking. Seine Ankunft in der Stadt wird in der offiziellen Geschichte der Ming-Dynastie ausdrücklich erwähnt. Er wird dort bleiben, eine Funktion am Kaiserhof einnehmen und bis an sein Lebensende wirken.

8.2 Die Essenz

Die Idee, dass das, was im Inneren liegt, auch im äußeren Auftritt zur Geltung kommen soll, findet man seit dem ausgehenden 19. Jahrhundert auch in Architektur und Design. Das bekannte Motto "form follows function" (deutsch: "die Form folgt der Funktion"), welches die Idee treffend umschreibt, stammt bezeichnenderweise denn auch von einem Architekten, dem Amerikaner Louis Henry Sullivan. Man wollte damals die verbreiteten Ornamente im Design überwinden und sich ausschließlich auf die pure Form beziehungsweise die innere Essenz des Objekts konzentrieren.

Bei einem Ornament handelt es sich um eine Verzierung, die eine Art Naturordnung in das Werk des Menschen bringt. Lange Zeit gab es in der Kunst und im Design eine Tendenz, welche die Natur idealisierte und sie immer ins Werk einbeziehen wollte. Im Maschinenzeitalter änderte sich das. Der Mensch wurde nun überhöht, er wurde durch die Technik selbst zu einem Schöpfer, und es begann eine Loslösung von der Natur. In einer Übergangszeit hat man beispielsweise Dampfmaschinen mit Säulen gebaut, was bedeutete, dass man alte Architekturzitate auf die Maschine übertrug. Im Rückblick mag eine Dampfmaschine mit einer dorischen Säule als etwas Lächerliches erscheinen. Aber zu jener Zeit war der Gedanke noch nicht verbreitet, dass eine Maschine etwas vollkommen Funktionelles sein soll.

Ornamente wurden auch verwendet, um seinen Geschmack zu zeigen und seinen Reichtum darzustellen, also um Objekten die Funktion eines Statussymbols zu geben. Doch die Mentalität änderte sich. Gegen die Jahrhundertwende hatte sich die Meinung durchgesetzt, dass die vertretbare Form der Gestaltung diejenige war, die mit den Mitteln der Zeit arbeitete. Das ist einerseits auf den vorherrschenden Purismus als ideelle Strömung, andererseits aber auch auf einen ökonomischen Zwang zurückzuführen, da man billigere Wege zur Produktion suchte. Das wendete das Blatt: nun rückte die Funktion eines Objekts in den Vordergrund. Doch was ist die Funktion?

Abhängig von der Definition der Funktion werden Objekte anders betrachtet. Ein Tisch oder Pult beispielsweise kann entweder ein einfaches Arbeitsinstrument oder ein Repräsentationsobjekt sein – je nach Blickwinkel wird ihm eine andere Bedeutung zugeschrieben. Wichtig ist die Definition dessen, was die Essenz des Tisches ausmacht. Beim Motto "form follows function" treten Aspekte wie etwa Prestige oder gesellschaftliche Wirkung eines Objekts in den Hintergrund. Es geht nun darum, dass das Objekt selber so transparent ist, dass man von außen wahrnimmt, was die Sache von innen ist. Zur Analogie kann man den menschlichen Körper verwenden. Die Haut ist außen, aber unter der Haut besitzen wir Knochen, Venen, Sehnen und Muskeln, die durch die Haut durchschimmern. Wir erkennen bis zu einem gewissen Grad von außen, was darunter liegt. Wenn wir nun als Kontrast beispielsweise architektonische Werke wie Hängebrücken anschauen, ist die Funktion einzelner Elemente wie der Pfeiler, der Seile usw. ebenfalls deutlich erkennbar.

Betrachten wir moderne Möbel der Industriezeit. Ihre Funktion wird nicht nur erfüllt, sondern ist auch nachvollziehbar, da das Möbel als Objekt fast transparent aufgebaut ist. Man versteht dieses Objekt nicht nur weil es schön ist, sondern weil man sieht, für was es steht – man sieht, ob man es drehen kann oder nicht, ob es bequem ist oder nicht. Der berühmte Eames-Lounge-Chair, eines der ikonischen Möbelstücke aus der Designgeschichte des 20. Jahrhunderts, ist ein ideales Beispiel. Dort gibt es eine Schale, die skelettartig (die beiden Klammern im Rücken sind wie Sehnen), aber unverkleidet ist. Darauf finden sich weiche Polster, die jedoch nicht über die Ränder hinauslaufen. Alle Elemente der Konstruktion sind von außen sichtbar, man erkennt den Grund, warum sie da sind beziehungsweise ihre Funktion – und zusätzlich ist das Ganze noch ästhetisch gelungen (Abb. 8.1).

Oder nehmen wir den vom Architekten Ludwig Mies van der Rohe in den zwanziger Jahren entworfenen Weißenhof-Stuhl, den wir hier abgebildet haben. Er besteht lediglich aus einem gebogenen Stahlrohr, das nicht verdeckt ist, und einer Sitzfläche. Es wird nichts verwendet, was für das Objekt an sich nicht notwendig wäre. Notwendigkeit ist denn auch ein weiteres Stichwort, das unter das Motto „form follows function“ fällt, genauso wie die bereits erwähnte Nachvollziehbarkeit. Nachvollziehbar ist eine Gestaltung, wenn sie so klar ist, dass sie auf den ersten Blick verstanden wird. „Form follows function“ ist also die Offenbarung der Essenz eines Objekts – die Offenbarung davon, was es im Inneren ist – und damit eine perfekte Metapher für Authentizität.

Abb. 8.1 Stuhl ()

8.3 Der Dresscode

Dass Kleider Leute machen, ist eine sprichwörtliche Weisheit, die es in verschiedenen Sprachen gibt. Auf Englisch kennt man etwa die alternativ Shakespeare oder Mark Twain zugeschriebene Formulierung "clothes make the man", [3, 4] deutsch: "Kleider machen den Mann" bzw. "den Menschen". Und das französische Äquivalent (oder Pendant) des Sprichworts trifft den Nagel, was unsere Geschichte mit dem Missionar Ricci anbelangt, direkt auf den Kopf, da es ausdrücklich Bezug auf Ordensleute nimmt. Die französische Version ist auch deshalb besonders interessant, weil sie die Aussage umkehrt: "L'habit ne fait pas le moine", also "das Gewand macht nicht den Mönch" – offenbar braucht es mehr dazu, und darüber werden wir noch sprechen.

Dass wir bei unserer Geschichte aus dem kaiserlichen China, die diese sprichwörtliche Thematik illustriert, nicht bei irgendeinem Orden, sondern ausgerechnet bei den Jesuiten gelandet sind, hat damit zu tun, dass diese keine speziellen Ordenskleider tragen, wie man das von vielen anderen religiösen Gemeinschaften kennt. Man denke etwa an Bilder aus der Verfilmung von Umberto Ecos Erfolgsroman *Der Name der Rose*, wo Vertreter von gleich drei mittelalterlichen christlichen Orden aufeinandertreffen, nämlich Franziskaner, Benediktiner und Dominikaner. Die Hauptfigur des Films aus dem Jahr 1986, gespielt von Sean Connery, und sein junger Schüler sind Franziskaner, die Handlung spielt in einem Benediktinerkloster, und der Inquisitor ist ein Dominikaner. Die erst im 16. Jahrhundert gegründeten Jesuiten allerdings kleiden sich normalerweise zivil, der jeweiligen Gesellschaft und ihrem Umgang entsprechend.

Wenn der Dresscode nicht klar ist, kann man manchmal danebengreifen – das kennen wir alle, etwa bei einer Einladung oder einer Veranstaltung. Es kann besonders dann passieren, wenn wir uns in weniger vertrauten sozialen oder kulturellen Sphären bewegen, so wie es bei Matteo Ricci in China zu Beginn ganz ausgeprägt der Fall war. Meist halten sich die Konsequenzen eines Fehlgriffs in Grenzen, doch sie können auch zu großen Problemen führen, wie etwa bei Ricci, dessen Geschichte aber letztlich gut ausgegangen ist. Denn Kleider sind alles andere als unschuldig. Neben ihren praktischen haben sie eine Unmenge an anderen Funktionen und Bedeutungen. Sie sagen viel aus über ihre Träger und über die

Zeit, in der sie leben, von der Kultur, der Gesellschaft, den wirtschaftlichen Strukturen bis hin zum Stand der Technologie, und wie sich alle diese Faktoren entwickeln.

Natürlich gibt es eine ganze Reihe anderer Ausdrucksformen, doch weil sie so gut sichtbar und erfassbar sind, erscheinen Kleider als ein hervorragendes Beispiel, um über unser Thema, das Verhältnis von innen und außen, und wie letzteres das erste repräsentieren kann, nachzudenken. Kleider haben, genauso wie diverse andere Ausdrucksformen eine Signalwirkung. Sie vermitteln uns bestimmte Informationen und helfen uns so, etwas zu erkennen und einzuordnen. Anhand von Ausdrucksformen können wir auf bestimmte Eigenschaften von Menschen schließen. Das ist an sich schon sehr wichtig, hat aber noch weitere wesentliche Folgen. Die erste ist die Möglichkeit, eine Zugehörigkeit zu erkennen: Wie in den oben beschriebenen Beispielen können wir dank des Gewandes etwa auf den ersten Blick sehen, ob Menschen einem religiösen Orden angehören, oder der Polizei, oder einer speziellen Berufsgruppe, oder der Mannschaft eines bestimmten Sportklubs. Während das noch ziemlich plakative Beispiele sind, kann es immer subtiler werden, bis hin zu Nuancen, die uns etwas über die Herkunft, den Status, oder den Geschmack einer Person verraten.

Die zweite Möglichkeit ist die Differenzierung. Während es vorher darum ging, ob jemand in eine bestimmte Gruppe oder Kategorie gehört, geht es nun darum, wie sich jemand von anderen unterscheidet. Nehmen wir nochmals das einfache Beispiel von uniformierten Personen, sei es etwa aus Armee, Polizei oder Feuerwehr. Hier ist ein Rangabzeichen ein Differenzierungsmerkmal, anhand dessen wir die Person hierarchisch einordnen können. Auch da geht das natürlich weit über das relativ einfache Beispiel von Uniformen und Dienstgraden hinaus und kann bis hin zu kleinsten Details verfeinert werden. Wesentlich ist, dass die Signalwirkung in all diesen Fällen ein mehr oder weniger großes Vorwissen bedingt: Ich kann zum Beispiel jemanden nur als Zugehörigen einer bestimmten Berufsgruppe erkennen, wenn ich mit den lokalen und in dieser Epoche gültigen Codes vertraut bin. Andernfalls wird es schwierig, wie wir bei Matteo Riccis Expedition nach China gesehen haben. Das ist ein bedeutender Unterschied zum Motto "form follows function": Dort war ja gerade die unmittelbare Nachvollziehbarkeit der Funktion aus der Form, ohne großes Vorwissen, ein wesentliches Postulat.

8.4 Die Kongruenz

Die Codes können allerdings auch universeller oder zeitenübergreifender Natur sein, zumindest in gewissem Ausmaß, und sie können in viel tiefere, ja eigentlich mythische und archetypische Bereiche gehen. Nehmen wir als Beispiel zwei Protagonisten, denen wir im ersten Teil des Buches begegnet sind: Batman oder Zorro. Auch wenn die beiden als literarische Figuren erst im 20. Jahrhundert entstanden sind, so stehen sie doch in verschiedenen alten Traditionen. Schon sehr lange gibt es etwa den schwarzen Ritter. So überrascht es nicht, dass in mehreren Batman-Filmen und -Comics der Held im Titel als "dark knight" (deutsch: "dunkler Ritter") bezeichnet wurde.

Diese Figur des schwarzen Ritters bringt eine ganze Reihe von Konnotationen und Assoziationen mit sich. Wir denken an Nachtgestalten, an Figuren, die außerhalb der gesellschaftlichen Ordnung operieren, an dunkle Charaktereigenschaften und Seelenzustände, an moralisch zweifelhafte oder negative Aspekte, vielleicht sogar an das Böse überhaupt. Und nach dem, was wir in einem früheren Kapitel besprochen haben, wird uns wohl auch der Schatten als tiefenpsychologisches Phänomen wieder in den Sinn kommen. Eine moderne Version des schwarzen Ritters tritt übrigens auch in diversen Western auf, dort in der Form des schwarz gekleideten Revolverhelden. Dieser durfte natürlich auch in "Westworld", wo wir unseren Androiden und dem Labyrinth begegnet sind, nicht fehlen, und so ist er auch in den verschiedenen Verfilmungen dieses Stoffs zu finden (Im Kinofilm wird die Figur vom Schauspieler Yul Brynner verkörpert, in der Fernsehserie von Ed Harris).

Aber hatten wir von Batman und Zorro nicht in einem ganz anderen Kontext gehört? Dort ging es doch um die Diskussion von Masken, mit denen Menschen in Gesellschaft agieren. Und Uniformen hatten wir dabei explizit als mögliche Elemente einer alltäglichen Repräsentation der Persona genannt. Doch gleichzeitig hatten wir den gedanken aufgeworfen, ob es im Fall der beiden schwarz gekleideten Helden vielleicht genau ihre Kostümierungen sind, die es ihnen erlauben, diejenige ihrer Unterpersönlichkeiten auszuleben, die ihrem inneren Kern am nächsten kommt. Entscheidend ist aber ein anderer Punkt: Genauso wie Kleider eben eine ausgezeichnete Möglichkeit zur Darstellung der Persona sind, sind sie es auch zur Vermittlung anderer Informationen über ihren Träger. Das betrifft auch das, was in seinem Inneren steckt, und das, was seine Individualität ausmacht.

In diesem Zusammenhang können wir eine interessante Beobachtung anführen, die wir bei Menschen machen können, die eine Uniform oder eine durch strikte Regeln geprägte Kleidung tragen müssen, sei es in der Armee, in einer Schule, in einem geschäftlichen oder in einem anderen Zusammenhang. Immer wird eine mehr oder weniger große Anzahl dieser Menschen versuchen, entgegen der durch die äußeren Rahmenbedingungen über die Kleidung aufgezwungene Uniformierung eine Personalisierung zu erreichen, auch wenn sie noch so klein ist, und auch wenn sie sich nur in subtilen Details ausdrücken kann, in Schmuck und Accessoires, in der Frisur, mit einem Parfum, im Make-up, durch Tattoos oder in anderen Formen, und wenn das alles nicht möglich ist, zuletzt noch in der Art und Weise, wie etwas getragen wird. Analog zu dem oben Gesagten sind sowohl die Darstellung von Zugehörigkeit wie die der Differenzierung wichtige Funktionen, denen Ausdrucksformen dienen. Der Mensch mag sich in eine Gemeinschaft einordnen, aber er will sich auch abheben, er will seine Existenz als einzigartiges Individuum zur Geltung bringen.

Wie wir sehen, lohnt es sich also, neben der eigenen inneren Entwicklung hin zu einem authentischen Menschen (wie wir sie in den ersten Kapiteln des Buches diskutiert haben) und dem Bewusstmachen seiner Kommunikationsaufgaben, von den Zielen bis zu den Maßnahmen (wie im vorangehenden Kapitel beschrieben) auch den Ausdrucksformen für seinen Auftritt große Beachtung zu schenken. Dazu gehört, sich zu überlegen, ob und inwieweit sie das, was man übermitteln und was man darstellen will, auch wirklich zum Ausdruck bringen. Denn die Wahrnehmung von Menschen wird in entscheidendem Ausmaß von solchen äußeren Erscheinungsfaktoren bestimmt. Wenn man sich vor Augen führt, zu welchen manchmal dramatischen Konsequenzen das führen kann, so ist es erstaunlich, wie oft wir erleben, dass Menschen ganz offensichtlich in dieser Beziehung mehr oder weniger große Fehler begehen. Das ist auch Matteo Ricci in China passiert, allerdings wohl ohne, dass er es hätte besser wissen können, schließlich bewegte er sich auf völligem Neuland. Er lernte von seinem anfänglichen Irrtum, korrigiert ihn und erzielte beim zweiten Anlauf einen Volltreffer.

Aus dieser Geschichte lernen wir exemplarisch, wie wichtig es ist, über seine Zielgruppen nachzudenken, sich mit ihrer Kultur zu befassen und sich mit ihren Codes vertraut zu machen. Nicht alles ist von außen so klar nachvollziehbar wie die industriellen Möbelklassiker oder andere Objekte, die nach dem Motto "form follows function" gestaltet sind. Oft braucht es, will man verstanden werden und überzeugen, eine große Übersetzungsarbeit, und oft auch gezielte und bewusst vorgenommene Anpassung von äußeren Erscheinungsfaktoren. Diese stehen nicht in einem Widerspruch zur Authentizität, sondern sind dann im Gegenteil eine Bedingung, um sie in der Kommunikation überhaupt zu erreichen.

Trotz alledem: Menschen haben ein Gespür für das Echte, je nach Art der Begegnung und des Kontakts wird das durchscheinen. Unser Reisender im alten China hatte eine enorme Bildung auf der Höhe seiner Zeit, er hatte sich minutiös und jahrelang auf seine Reise vorbereitet. Doch das hätte für seinen Erfolg noch nicht gereicht. Nach allem, was wir wissen, war er auch ein außergewöhnlicher Mensch, der einerseits an seine Aufgabe glaubte, und der sich andererseits profund für sein Gastland, dessen Kultur und die Menschen interessierte. Nur auf einer solchen Basis kann eine echte und tiefe Kommunikation gelingen. Denn das Entscheidende ist, dass die Ausdrucksform der inneren Substanz entspricht, dass eine Kongruenz zwischen beidem besteht. Diese Weisheit ist schon in der ursprünglichen, negativ formulierten französischen Version unseres Sprichworts enthalten: Das Gewand macht den Mönch *nicht* aus, jedenfalls nicht alleine.

Fragen für persönliche Überlegungen an die Leserin und den Leser

- Haben Sie einen persönlichen Dresscode? Wörtlich und in übertragenem Sinn? Wie bringen Sie Ihre Individualität zum Ausdruck?
- Was halten Sie vom Sprichwort "Kleider machen Leute"? Ist Ihnen die affirmative oder die negative Version näher?
- Geht es Ihnen manchmal auch so wie Matteo Ricci, als er in China ankommt: Sie drücken (noch) nicht das aus, was in Ihnen steckt, und kommen deshalb nicht näher an Ihr Ziel? Was unternehmen Sie dagegen? Haben auch Sie einen Freund (wie Matteo Ricci seinen Mandarin), der Ihnen dabei helfen kann?

Was Sie aus diesem Kapitel mitnehmen können

- Die Frage nach der Kongruenz von Form und Funktion drückt sich in den unterschiedlichen Versionen des alten Sprichworts "Kleider mache Leute" aus. Während es in der deutschen oder in der englischen Version ("cloths make the man") positiv formuliert wird, kennt man es auf Französisch in einer negativen Variante ("l'habit ne fait pas le moine").
- Die Jesuiten, die schon seit der Gründung ihres Ordens vor Jahrhunderten viel Erfahrung in der Begegnung mit Kulturen in aller Welt aufgebaut haben, entwickelten die Methode der Akkomodation oder Inkulturation, wonach man sich in gewissem Maße den Gepflogenheiten eines Gastlandes, seiner Kultur und den gesellschaftlichen Codes anpasst, um besser verstanden zu werden.
- Über das Verhältnis von Form und Funktion wurde auch in der Architektur- und Designgeschichte viel nachgedacht, und ihre Kongruenz wurde zu einem Ideal gemacht.
- Die Zielgruppen unserer Kommunikation werden uns dann verstehen, wenn die Art, wie wir etwas ausdrücken mit uns und unserer Botschaft harmonieren.
- Wir versuchen also, eine Kongruenz dessen, was wir ausdrücken, mit der Art, wie wir es ausdrücken, zu erreichen – dann wirken wir authentisch.

Literatur

1. Lacouture, Jean (1991) Jésuites une multibiographie 1. Les Conquérants. Editions du Seuil, Paris, S. 297–361
2. von Collani, Claudia (2010) Matteo Ricci. Zum 400. Todestag des Pioniers der neuzeitlichen Chinamission. Stimmen der Zeit, Heft 5(2010):339–351

Internetquellen

3.Atkins, Alexander (2017) What is the Origin of „Clothes Make the Man"?, Medium, unter: https://medium.com/@alex_65670/what-is-the-origin-of--clothes-make-the-man-7f75e070bf45. Zugegriffen: 7. Jan. 2021
4.Quote Investigator (2012) Clothes Make the Man. Naked People Have Little or No Influence in Society, unter: https://quoteinvestigator.com/2012/05/04/twain-clothes/. Zugegriffen: 7. Jan. 2021

9 Mit Gefühl

9.1 Roger weint

Für Schauspieler – mit ihnen hatten wir unsere Überlegungen zur Authentizität ja begonnen – ist es der Oscar und für Wissenschaftler der Nobelpreis: Der heilige Gral ihrer Disziplin, die größte Auszeichnung, die sie anstreben, und der allerhöchste Gipfel, den sie erreichen können. Für Tennisspieler ist es der Gewinn von Wimbledon, des prestigeträchtigsten Turniers der Welt. Am 6. Juli 2003 konnte ein damals erst 21-jähriger Spieler den Pokal zum ersten Mal entgegennehmen und in die Höhe stemmen. Schon nach dem Gewinn des Matchpunktes, und vor und während der Siegerehrung brach er wiederholt in Tränen aus, und als er Gelegenheit hatte, per Mikrofon einige Worte an das Publikum zu richten, versagte ihm die Stimme und ging in Schluchzen unter [5].

Die Tenniswelt sollte sich an ihn gewöhnen, an sein unnachahmlich elegantes Spiel, an seine vielen Siege, seine Rekorde – und an sein Weinen. Als Roger Federer 2018 mit dem Gewinn des Australian Opens als erster Spieler bei den Herren die magische Zahl von zwanzig Grand-Slam-Titeln

S. Bannwart, *Authentisch kommunizieren*,
https://doi.org/10.1007/978-3-662-72818-5_9

Abb. 9.1 Roger (© S. Bannwart. All rights reserved.)

erreichte, wunderte sich niemand mehr darüber, dass seine Siegesrede so emotional wie tränenreich war. Man kennt Roger Federer nicht nur als einen der größten Tennisspieler aller Zeiten, sondern auch als einen Menschen, der oft weint, und dies in aller Öffentlichkeit (letzteres war bei seinem Beruf ja wohl unvermeidlich). Das Bild des weinenden Champions hat sich bei den Zuschauern und Fans eingeprägt (Abb. 9.1).

Auf die Frage, ob es ihm manchmal unangenehm sei, seinen Emotionen so oft freien Lauf zu lassen, antwortete Federer in verschiedenen Interviews: „Ich denke, Emotionen sind eine feine Sache ... Das habe ich erstmals realisiert, als ich meinen ersten großen Sieg gefeiert habe ... Ich konnte es damals gar nicht fassen, dass man so glücklich sein kann, dass man zu weinen anfängt“[7]. "Ich werde manchmal emotional, wenn ich Filme schaue, aber ich wusste nicht, dass ich dieses 'Weinen vor Glück', wie wir es nennen, in mir habe ... Da wirst du gefragt, wie es dir geht ... und dann kommt der komplette Zusammenbruch"[6]. Auch äußerte Federer die Meinung, dass es mit dem Weinen womöglich denkwürdiger sei, als wenn man alles in sich behalte: „Aber jeder ist anders: Viele Leute würden vielleicht gerne, können aber nicht“[7]. Demgegenüber sei es unschön, nach einer Niederlage zu weinen: „Aber ich bin halt ein emotionaler Typ und mir macht es nichts aus, das zu teilen. Auch wenn es manchmal peinlich ist. Es ist halt so, wie es ist“[7].

9.2 Emotion und Ausdruck

Die Psychoanalytikerin Judith Kay Nelson hat sich ein ganzes Leben lang mit dem Weinen befasst. Ihr war ein, in ihren Augen, Mangel an entsprechender Literatur und Erklärungsansätzen für das Phänomen des Weinens aufgefallen, im Gegensatz etwa zum Lachen oder zu anderen Themen. So hat sie sich nicht nur in ihrer therapeutischen Praxis mit dem Thema auseinandergesetzt, sondern hat es für ihre Doktorarbeit gewählt, darüber doziert und publiziert [2]. Nelson wollte dem Weinen auf den Grund gehen. Sie war der Meinung, die Bedeutung von Tränen zu verstehen, gehe Hand in Hand mit dem Verstehen der Bedeutung des Lebens an sich. Tränen zu vergießen, so meinte Nelson, "hat so viel Tiefe, Symbolik und Bedeutung wie ein Gedicht oder ein Traum und so viel

Magie und Geheimnisvolles wie Sex. Auch das Weinen berührt all diese Themen, welche uns in der Gesamtheit menschlicher Erfahrung miteinander verbinden. Weinen hat schlicht und einfach Seele"[2].

Das Weinen kann ein Ausdruck einer Vielzahl von Emotionen sein, und die Menschen sind oft nicht in der Lage, diesen Ausdruck in ihrem Inneren bewusst zu verfolgen. Beides sehen wir am Beispiel von Roger Federer, der ja spontan weint, und gar nicht richtig weiß, warum. Zwar können wir als erwachsene Menschen eine gewisse Kontrolle über das Weinen ausüben, aber oft gelingt sie nicht, und das Weinen kann plötzlich und unerwartet einsetzen. Überdies ist Weinen ein gleichzeitig psychisches wie physisches Phänomen. Nelson äußerte die Meinung, dass das Weinen in der Kultur und in einem klinischen Kontext zu stark vereinfacht und missverstanden wurde [2]. Gemäß Ansichten aus frühen psychoanalytischen Theorien stauen sich Emotionen auf und müssen irgendwann entladen werden, um psychischen Schaden zu vermeiden. In den sechziger Jahren des letzten Jahrhunderts kam die Ansicht auf, dass die Kontrolle von Emotionen nicht unbedingt gut sei. Das führte zu populären Ratschlägen, wie wir sie alle kennen: Weine dich ruhig aus, dann geht es dir wieder besser! Mag sein – und oft erleben wir das auch so. Aber es ist nicht immer der Fall [2].

Man kann das Weinen auch anders betrachten als mit dem Bild der quasi angestauten Emotion, die so stark wird, dass sie eines Ventils bedarf. Emotionen können interaktive und kommunikative Funktionen haben. Diesem Pfad folgte Nelson. Sie versuchte, das Weinen im Rahmen der sogenannten Bindungstheorie zu verstehen. Die Grundidee liegt darin, dass das Weinen zu einem System von Verhaltensweisen gehört, die der Verbindung von Eltern und Kind dienen. Sie sind biologisch bedingt und angeboren. Für Säuglinge ist die Präsenz von Betreuungspersonen eine Überlebensfrage. Was immer der Auslöser des Weinens eines Babys ist, die Kernbotschaft besteht in: "Komm her, ich brauche dich!"[2]. Natürlich entwickeln wir uns im Leben weiter, der Mensch verlässt das Säuglingsalter, ist ein Kind, ein Teenager und dann eine erwachsene Person. Und im Laufe des Lebens gibt es alle möglichen Formen und Arten von Weinen, und diese können verschiedene Emotionen ausdrücken. Hinzu kommen noch all die Unterschiede kultureller und sozialer Natur, die in unterschiedlichen Gesellschaften gelten.

Aber geht man von der Betrachtungsweise der Bindungstheorie aus, kann man das Weinen, welcher Art auch immer, so verstehen, dass der Weinende gleichsam um Hilfe ruft und die Anwesenheit und Unterstützung durch eine Betreuungsperson ersehnt und erbittet. Mit zunehmender Reife und je nach Umstand kann diese Betreuung auch durch einen im Inneren des weinenden Menschen angelegten Anteil der eigenen Psyche erfolgen – dann können wir uns vielleicht selber trösten. Dem entspricht, wenn Menschen für sich alleine weinen und sich danach wieder besser fühlen. Jedenfalls passt zu dieser Signalwirkung des Weinens, wenn wir die umgekehrte Richtung anschauen, also die Wirkung, die von weinenden Menschen auf andere ausgeht, und sehen, wie sehr Menschen durch das Weinen anderer berührt werden – es lässt einem kaum indifferent! Manchmal ist es auch regelrecht ansteckend, was man regelmäßig bei Trauerfeiern, Schönheitswettbewerben und durchaus auch bei Tennisturnieren sehen kann. Wir fühlen mit den anderen mit.

Diese interaktive und kommunikative Funktion des Weines ist es, die uns hier besonders interessiert. Denn das Zeigen von Emotionen, wie es im Weinen geschieht, hat eine Wirkung auf das Umfeld. Wenn der Weinende die Kontrolle über sein bewusstes Verhalten verliert, ermöglicht er den anderen Menschen einen direkten Zugang und Blick in sein Inneres, auf seinen seelischen Zustand. Und damit sind wir natürlich wieder beim Kernthema unseres Buches: der möglichen Übereinstimmung von Innerem und Äußerem beim Menschen – unserer Definition von Authentizität. Emotionen können also ein Schlüssel für die Wahrnehmung dieser Authentizität sein. Entscheidend ist, dass die Art und Intensität, in der sich die Emotionen äußern, zu der entsprechenden Situation passen. Das mag natürlich von Kultur zu Kultur verschieden sein. Auch ist es wichtig, dass die Zielgruppen selber so disponiert sind, dass sie die Botschaft verstehen können. Das kann zum Beispiel ihre psychologische Prägung hinsichtlich dieser Emotion oder ihres Ausdrucks betreffen.

Es ist also kein Zufall, dass gerade Roger Federer als sehr authentischer Sportler und Mensch wahrgenommen wird. Seine offen gezeigte Emotionalität erscheint stimmig mit dem, was er erlebt, und wie er sich verhält. Sie ist ein wesentlicher Grund dafür, dass wir glauben, den echten Roger vor uns zu haben, wenn er ein Interview gibt. Aber warum weint er den eigentlich ausgerechnet in so einem glücklichen Moment? So wenig wie er selber es mit Sicherheit zu wissen scheint, wenn wir seinen Aussagen in Interviews nachgehen, so wenig können wir von außen her beurteilen, was der wirkliche Grund für sein Weinen ist.

Aber hören wir, was die Psychoanalytikerin Judith Kay Nelson zum Phänomen solcher Freudentränen meint. Für Nelson können diese Freudentränen ein Ausdruck von Verlust sein, auch wenn ein solcher Verlust nicht unbedingt einfach zu erkennen sei. Ein Beispiel, dass sie anführt, ist die Person, die in dem Moment weint, als sie von der Zulassungsbestätigung für ihr Studium erfährt. Solche Tränen "räumen die gegenteilige Seite der Erfahrung ein – den befürchteten oder vermiedenen Verlust oder denjenigen, den man auf dem Weg zum Sieg oder Erfolg erlebt hat. Vielleicht ist es der dritte Anlauf der weinenden Person zum Medizinstudium, und die Tränen der Freude rufen auch frühere Gefühle von Angst und Hoffnungslosigkeit in Erinnerung ... Die Tränen, die eine frischgekürte Miss America oder Goldmedaillengewinner bei den Olympischen Spielen vergießen, mögen die Furcht vor oder die Drohung einer Niederlage im Moment des Sieges mitbeinhalten"[2]. Vielleicht können wir so die Tränen von Roger Federer erklären, denn, so Nelson, weinen Gewinner "beim Feiern, aber sie können sich auch mit den Verlusten der weniger glücklichen Mitbewerber identifizieren, oder sie können sich an frühere Niederlagen und an die Opfer erinnern, die sie in den Jahren erlebten, die es brauchte, um diesen Erfolg zu erreichen"[2].

9.3 Rhetorik

Zur Kommunikation gehört natürlich auch das Thema Rhetorik, und dieses führt uns – einmal mehr – in die Antike. Schon wenn man den Ausdruck "Rhetorik" hört, steigen entsprechende Assoziationen auf, und das hat gute Gründe. Das Wort selber kommt aus dem Altgriechischen und bedeutet Redekunst, so wie wir den Begriff heute noch verstehen. Des Weiteren bringt man ihn unweigerlich mit Namen aus dieser Epoche in Verbindung, wenn man an die großen Vordenker oder Vorbilder der

Rhetorik denkt. So gilt der wohl berühmteste Redner aus dem alten Rom, Cicero, auch nach über 2000 Jahren als Maßstab für vollendete Redekunst, und viele seiner Reden sind uns im lateinischen Original überliefert.

Im antiken Rom war das Auftreten vor Gericht oder in einem politischen Kontext von entscheidender Bedeutung, wenn es darum ging, eine öffentliche Rolle in der Gesellschaft auszufüllen und im Staat Karriere zu machen. Entsprechend gehörte die Beschäftigung mit Rhetorik, der Kunst der Rede, zu einer gehobenen Ausbildung. Marcus Tullius Cicero (106–43 v. Chr.), wie er mit ganzem Namen hieß, baute seine Berühmtheit in jungen Jahren vor allem auf seinen Fähigkeiten als großartiger Redner auf, die er in spektakulären Prozessen als Anwalt einsetzte. Doch neben seiner politischen Laufbahn war Cicero auch Philosoph und Schriftsteller, der selber Werke zum Thema Rhetorik verfasste und als Übersetzer aus dem Griechischen tätig war [4]. Denn die griechische Sprache, Literatur und Philosophie war im Rom der damaligen Zeit von hoher Bedeutung.

Wir verlassen Rom also in Richtung Athen und gehen nochmals einige Jahrhunderte zurück, zu Aristoteles (384–322 v. Chr.) [4], dem Begründer der wissenschaftlichen Philosophie und dem Schöpfer der Logik, der Lehre der logischen Grundbegriffe [3]. Aristoteles hat sich in diesem Rahmen ausgiebig mit der Rhetorik befasst und Grundlegendes zum Thema beigetragen. Sein Interesse dafür steht vor dem Hintergrund, dass schon im alten Griechenland, wie in Ciceros Rom, die Rede vor Gericht oder in der Politik äußerst wichtig war. Es hatte ebenfalls damit zu tun, dass Aristoteles Philosophie unterrichtete, und man Rhetorik auch als Vorläufer der Pädagogik betrachtet [3]. Für Aristoteles war sie "in erster Linie … eine Technik, mit der man ein Wissen von dem, was jeweils überzeugend ist, ermittelt"[4]. Seine diesbezüglichen Schriften und Vorträge zum Thema wurden unter dem Titel "Rhetorik" zusammengefasst und überliefert [4]. Wir gehen hier auf ein berühmtes Kernstück seiner Lehre ein, die Analyse der grundlegenden Argumentationsmittel oder Werkzeuge der Rhetorik: Logos, Ethos und Pathos [4]. Schauen wir uns die drei Begriffe an.

9.4 Logos, Ethos, Pathos

Beim *Logos* geht es um Argumente, die sich auf den diskutierten Sachverhalt beziehen, und die den Regeln der Logik folgen. Logos spricht Ratio und Gehirn an [1, 4]. Eine weitere Kategorie sind Argumentationsmittel, die sich auf den Redner selber beziehen. Sie werden mit dem Begriff *Ethos* bezeichnet. Hier geht es um Persönlichkeit und Charakter der Person, die kommuniziert, oder um ihre Kompetenz und Integrität. Hat die Person den Ruf, vertrauenswürdig zu sein, so wird das Publikum ihre Argumentation eher akzeptieren [4]. Ethos hat auch mit der Fähigkeit zu tun, sich im Gehabe an die Erwartungen einer Gruppe anzupassen. "Ein angenehmes Ethos entspricht den Erwartungen des Publikums an Ton, Aussehen und Manieren ... Der Sprecher kann wie eine höhere kollektive Stimme seines Publikums klingen, ein wandelnder, sprechender Konsens"[1].

Bei *Pathos* schließlich geht es um Argumentationsmittel, "die die Aufnahmefähigkeit, die Voraussetzungen und Gestimmtheiten der Zuhörer berücksichtigen"[4]. Für Aristoteles waren neben den Sachargumenten das Berücksichtigen und das Erzeugen von Gefühlen beim Publikum sehr wichtig. Bei diesem Publikum müssen die Argumente der kommunizierenden Person ja ankommen, und deshalb ist es wichtig, die Zuhörer und ihre emotionale Verfasstheit möglichst gut zu kennen und sie so auch in ihrer Emotionalität ansprechen zu können [4]. Pathos bedeutet also "Argumente durch Emotionen"[1].

Mit Aristoteles räumte demnach einer der größten Philosophen der Menschheitsgeschichte (und, nebenbei, Erfinder der Logik) bereits im alten Griechenland der Emotionalität für das Überzeugen eines Publikums eine wesentliche Bedeutung bei. Das ist etwas, was sich seither nicht nur der Römer Cicero sondern die großen Redner aller Zeiten zunutze machen.

Fragen für persönliche Überlegungen an die Leserin und den Leser

- Fällt es Ihnen leicht, Emotionen zu zeigen? Wie sehr hängt das vom gesellschaftlichen Kontext ab?
- Wann haben Sie das letzte Mal geweint? In welchem Zusammenhang? Wie haben Sie sich danach gefühlt?
- Wie empfänglich sind Sie für den von Aristoteles beschriebenen Pathos, wenn Sie einem Redner zuhören? Benutzen Sie selbst bewusst Pathos, wenn Sie vor anderen Menschen auftreten?

Was Sie aus diesem Kapitel mitnehmen können

- Emotionen erlauben einen Einblick in unser Inneres. Dieser Effekt wird verstärkt, wenn diese Emotionen (wie oft beim Weinen) nicht kontrolliert werden können. Die psychologische Bindungstheorie liefert dazu mögliche Erklärungen.
- Für das Wahrnehmen von authentischer Kommunikation können Emotionen sehr wichtig sein. Sie bieten unseren Adressaten Zugang zu dem, was wir in uns tragen und wirklich fühlen. Natürlich hängt das von vielen situationsspezifischen, kulturellen und persönlichen Faktoren ab. Doch eine Person, die nie Einblick in ihre Gefühlswelt bietet, läuft Gefahr, als unauthentisch wahrgenommen zu werden.
- Auch die Emotionen, die wir beim Publikum auslösen, sind ein wirkungsvolles Instrument überzeugender Kommunikation. Sie sind Teil des Dreiklangs: Logos, Ethos, Pathos, der schon in der Antike in der Rhetoriklehre von Aristoteles gefordert und beschrieben wurde.
- Wir können dies nutzen, indem wir die Emotionen unserer Zielgruppen in die Kommunikation einbeziehen.

Literatur

1. Heinrichs, Jay (2017) Thank You for Arguing, Third Edition. Three Rivers, New York, S. 40, 47
2. Nelson, Judith Kay (2005) Seeing through tears: crying and attachment. Routledge, New York and Hove, S. ix-xi, 4–13, 16, 31
3. Schmidt, Heinrich (1978) Philosophisches Wörterbuch, 20. Aufl. Kröner, Stuttgart, S. 36–37, 571

4. Uhlmann, Gyburg (2019) Rhetorik und Wahrheit: Ein prekäres Verhältnis von Sokrates bis Trump. J. B. Metzler Verlag, Berlin, S. 25–28, 138–139, 146, 171

Internetquellen

5. Erster Wimbledon Sieg Roger Federer (2012) SRF Play, unter: https://www.srf.ch/play/tv/me_gipfelstuermer/video/erster-wimbledonsieg-roger-federer?id=f13f52e2-23e1-4202-aa92-bb5820c4f07f. Zugegriffen: 16. Febr. 2021
6. Gründlers, Berit-Silja (2019) Schweizer Illustrierte, unter: https://www.schweizer-illustrierte.ch/stars/schweiz/roger-federer-erklaert-seine-traenen. Zugegriffen: 30. Aug. 2020
7. Tennisnet: Roger Federer: Tränen im Flugzeug (2019) tennisnet.com, unter: https://www.tennisnet.com/news/roger-federer-traenen-im-flugzeug. Zugegriffen: 26. Aug. 2020

10

Üben und Proben

10.1 Ein Tag im Büro

Ich hatte einen kurzen Moment, um die Unterlagen des letzten Meetings zu verräumen und diejenigen für das kommende herauszusuchen. Dann betrat Henry (der Name ist geändert) den Sitzungsraum. Wie immer zu dieser Zeit des Jahres war ich bei dem Unternehmen engagiert, für das Henry arbeitete, um dabei zu helfen, einen großen, alljährlich durchgeführten internationalen Kundenanlass zu planen und vorzubereiten. Wir waren nun kurz vor dem eigentlichen Veranstaltungsdatum, und in dieser Phase bestand meine Aufgabe darin, mit jeder einzelnen Person des Unternehmens, welche einen Auftritt an dem Anlass hatte, eine Generalprobe durchzuführen und sie beim Feinschliff für ihre Präsentation zu unterstützen.

Henry, der soeben die Türe hinter sich zumachte, hatte ich vor einem Jahr bei unserer damaligen Probesession zum ersten Mal getroffen und seither nicht wiedergesehen. Ich wollte auf ihn zugehen und ihm zur Begrüßung die Hand reichen. Doch Henry blieb demonstrativ bei der Türe stehen und deklamierte einen einzelnen Satz. Was er gesagt hat, weiß ich

S. Bannwart, *Authentisch kommunizieren*,
https://doi.org/10.1007/978-3-662-72818-5_10

nicht mehr, und dass ich es nicht mehr weiß, ist ein Teil dieser Geschichte. Ich sagte ein paar Grußworte zu Henry, aber er machte keine Anstalt, den Gruß zu erwidern. Er lächelte mich bloß an, blieb bei der Türe stehen und wiederholte mehrmals langsam und bedeutungsschwer seinen Satz. Inzwischen kam mir die Sache komisch vor. Henry muss mir meine Verwirrung angesehen haben, er brach in Lachen aus, kam auf mich zu, schüttelte mir die Hand und sagte: Stefan, kannst du dich nicht erinnern? Das ist doch, was du mir letztes Jahr gesagt hast – so soll ich meine Präsentation beginnen!

Wir alle kennen solche Henry-Momente, mit Sicherheit solche, die wir in der Rolle von Henry erlebt haben, der hier beraten und gecoacht wird. Es gibt Dinge, die wir in einer Schulstunde, einer Universitätsvorlesung, von einem Mentor, einem Sporttrainer, oder, wie eben hier, von einem Kommunikationsberater gehört haben, und an die wir uns noch lange erinnern können, und zwar inklusive der genauen Umstände, als das geschah. Demgegenüber vergessen wir das meiste andere, oder es wird einfach zu einem diffusen Wissen, dessen Quellen in einer Art Nebel versinken.

Auch umgekehrt können wir das erleben, wenn wir, wie ich hier in der Rolle des Beraters, oder in der eines Mentors, Lehrers, Trainers, Coaches, oder einfach eines Freundes sind, der jemand anderem etwas sagt, was bei dieser Person besonders auf Anklang stößt und dann lange Zeit hängen bleibt und immer wieder zurück ins Bewusstsein kommt. Manchmal bekommen wir das mit, wir spüren, wie wichtig diese Information oder Interaktion für die andere Person ist. Aber oft ist das nicht der Fall. Wenn ich mich, wie im geschilderten Beispiel, während mehrerer Tage hintereinander mit ein oder zwei Dutzend Personen und ihren Präsentationen befasse, und wenn dann noch ein ganzes Jahr verstreicht, kann ich mich beim besten Willen nicht an alles erinnern – auch nicht an den Satz, der Henry offenbar immer noch so klar gegenwärtig war. Dass er ihn aber nach dieser Zeit noch wusste, habe ich seither nicht mehr vergessen.

10.2 Was macht den Unterschied?

Was aber ist es, das bei Henry passiert, oder bei uns selber, damit uns etwas so klar in Erinnerung bleibt? Was macht den Unterschied zu allen anderen Momenten? In der Regel erfährt oder erlebt man etwas wirklich Neues, Außergewöhnliches. Dabei dürfen wir die Barriere nicht zu hoch hängen: Es geht nicht darum, dass diese Sache oder Einsicht an sich weltbewegend oder sensationell ist. Es geht vielmehr darum, ob ich einen, wenn auch noch so kleinen, aber – und das ist entscheidend – für mich selber bedeutungsvollen Fortschritt mache. Das kann eine neue Erkenntnis sein, oder ich kann mir eine neue Fertigkeit aneignen, die ich nun umsetzen kann, oder die Situation hat sogar etwas Transformatives. Henry hatte offenbar im Jahr zuvor etwas für ihn Wichtiges darüber gelernt, wie man eine Präsentation wirksam beginnt. Das hat bei ihm einen solchen Eindruck hinterlassen, dass er sich lange danach noch genau daran erinnern konnte – sogar an den spezifischen Satz, den wir damals für ihn formuliert hatten.

Wichtig ist auch, dass man richtiggehend involviert ist. Im Beispiel mit Henry ist das darum der Fall, weil wir von einer realen Situation, nämlich seinem Auftritt an der jährlichen Kundentagung ausgehen, und weil er diese selber als für ihn wichtig einstuft. Entsprechend ist er sehr engagiert. Deshalb ist nichts besser als anhand konkreter Situationen zu üben, also: zu proben. Zuletzt ist auch die menschliche Beziehung zwischen den beteiligten Personen wichtig. Schließlich geht es darum, dass sich beide als Menschen respektieren müssen, und der eine den anderen als Experten schätzt. Gerade bei so wichtigen Momenten – weil sie so wichtig sind, bleiben sie ja in Erinnerung – wie im Beispiel mit Henry findet meist, auch wenn vielleicht nur unbewusst, eine tiefergehende Begegnung der beiden involvierten Menschen statt: Es geht unter die Oberfläche. Dann bekommt man sogar eine Ahnung vom Kern des anderen, dem Kern, von dem wir ja schon viel gesprochen haben.

Natürlich helfen uns diese Überlegungen nun in umgekehrter Richtung, wenn wir daraus Rückschlüsse ziehen wollen, wie man seine kommunikativen Auftritte am besten vorbereitet. Macht man das regelmäßig, verbessert man sein Auftreten ganz allgemein. Ich konnte das beispielsweise bei dem Unternehmen, für das Henry arbeitete, gut beobachten, wo ich diverse Personen über viele Jahre begleiten und so auch ihren langfristigen Fortschritt verfolgen konnte. Es ist von großem Vorteil, sich für das Vorbereiten besonders von wichtigen Auftritten einen Sparringpartner zu suchen, die Rolle, die ich im Beispiel mit Henry hatte. Ein solches Gegenüber ist in einer ganzen Reihe von Gebieten von Nutzen. Interessanterweise nimmt ihr Einsatz z. B. im Sport mit der Qualifikation und dem Niveau der Sportler zu. Dabei könnte man doch meinen, je besser ein Sportler sei, umso weniger brauche er einen Coach. Aber schaut man sich die Profisportler an, so ist es genau umgekehrt: Je erfolgreicher sie sind, umso besser und hochkarätiger sind sie betreut. Offenbar stellen gute Coaches einen ganz wesentlichen Baustein für den Erfolg dieser Sportler dar.

Der Profisport zeigt uns noch ein anderes interessantes Phänomen: Dort sind die Coaches in ihrer Disziplin in der Regel nicht (oder nicht mehr) auf dem Niveau der Sportler, die sie betreuen. Zwar waren wohl alle Fußballtrainer einmal Fußballspieler, aber die besten Spieler geben nicht automatisch die besten Trainer. Roger Federer, dem wir hier schon beim Thema Emotion begegnet sind, hatte wohl über die meiste Zeit seiner Profikarriere keinen Trainer, der besser Tennis spielt als er selber. Die Erklärung dafür liegt natürlich darin, dass die Eigenschaften, die einen guten Trainer ausmachen, andere sind als diejenigen, die einen guten Spieler ausmachen. So sind bei Sportlern etwa die Voraussetzungen an die körperlichen Fähigkeiten, die mit dem Alter abnehmen, sehr hoch, während die Erfahrung, die für den Trainer so wichtig ist, im Laufe der Jahre zunimmt.

Was die Rolle des Sparringpartners angeht, gibt es in der Kommunikation eine ganz wesentliche Besonderheit, die in der Natur der Sache liegt: Die Person, die kommuniziert, kann sich nicht gleichzeitig im Moment des Auftritts oder während des Probens so wahrnehmen, wie es ihre Zielgruppen tun. Natürlich kann man einen Auftritt filmen und dann per Video anschauen (so wie das auch Sportler tun). Das mag zu bestimmten Zwecken für Schulungen und Trainings hilfreich sein. Aber es ersetzt nie die Perspektive und das Feedback einer qualifizierten Drittperson – es ist per Definition unmöglich, die Wirkung seiner eigenen Kommunikation so wahrzunehmen wie es andere tun.

Wichtig für die Vorbereitung ist auch, dass man so nahe wie möglich an einer konkreten, echten Situation arbeitet. Das habe ich in meiner Beratungspraxis immer wieder festgestellt: Proben ist noch viel besser als üben, denn die Wirkung realer Situationen ist durch nichts zu ersetzen. Versuchen Sie umgekehrt einmal, jemandem Schwimmen ohne Wasser oder Reiten ohne Pferd beizubringen – kaum jemand würde auf so eine Idee kommen. Doch um unseren kommunikativen Auftritt besser zu machen, müssen wir das Büro weder in einen Swimmingpool noch in eine Pferdebahn umwandeln. Wir brauchen lediglich unser Training möglichst nahe an der echten Situation zu gestalten, zum Beispiel, indem wir eine Generalprobe für eine solche durchführen. Dann wird nicht nur dieser Auftritt sehr viel besser, sondern wir erreichen einen nachhaltigen Lerneffekt. Und manchmal ist der so groß, dass er uns noch lange in Erinnerung bleibt, so wie es bei unserem Kollegen Henry war.

10.3 Ein Abend in der Bar

Wir haben schon mehrfach darüber gesprochen, wie wichtig Geschichten sind, um Botschaften zu transportieren. Geschichten waren lange die wichtigste Art, wie Menschen Wissen und Weisheit vermittelt haben. In der oralen Tradition begann das noch vor der Erfindung der Schrift. Wir denken an die großen Mythen, wie sie Joseph Campbell untersucht hat, um so auf die archetypische Heldenreise zu stoßen. Viele große Weisheiten der Religionen sind in der Form von Geschichten festgehalten: Die Bibel ist ein riesiger Fundus an Geschichten, und Jesus hat gerne in Gleichnissen gesprochen. Die klassische Philosophie begann mit Geschichten: Platon erzählt von Gesprächen, die sein Lehrer Sokrates mit Freunden geführt hat, und in diesen Dialogen werden wiederum viele Geschichten erzählt. Nicht umsonst erzählt man auch den Kindern Geschichten.

Schon als Kind hat mich eine Geschichte beeindruckt und beschäftigt, die ich in einem früheren Kapitel aufgeführt habe: diejenige von Zorro, den niemand unter seiner Maske erkennt. So enthält auch dieses Buch eine Vielzahl von Geschichten. Das ist natürlich Absicht. Geschichten stoßen auf viel mehr Interesse, sie sind spannender und unterhaltsamer, eingängiger vermittelbar, und man kann sie sich besser merken als theoretische Konzepte. Vielleicht wird die Leserin oder der Leser, wenn sie oder er wieder einmal George auf einem Plakat Kaffee trinken sieht oder einen Song von Elvis hört, sich an die hier vorgetragenen Konzepte erinnern. Die Wahrscheinlichkeit dafür ist jedenfalls viel größer, als wenn ich sie nur abstrakt beschrieben hätte. Und das Vermitteln von Konzepten und Ideen in abstrakter Form lässt sich mit Geschichten, die als Anschauungsbeispiel dienen, verbinden. Das können wir uns in der Kommunikation zunutze machen.

Der Ort, wo unsere menschlichen Vorfahren aus viel früheren Epochen, zum Beispiel die Nomaden, die uns das Labyrinth und das labyrinthische Denken hinterlassen haben, abends ihre Geschichten ausgetauscht haben, war wohl das Lagerfeuer. Eine analoge Situation findet man heute, wenn sich die Menschen am Feierabend auf einen Drink in der Bar treffen. Dort werden sie sich mit Sicherheit ebenfalls Geschichten erzählen. Vielleicht treffen wir auch meinen Kunden Henry in der Bar, er war ja schon einige Zeit nicht mehr im Head Office und nimmt wohl gerne die Gelegenheit wahr, sich mit seinen Kollegen zu unterhalten, und dabei die neusten Geschichten aus dem Büro oder von sonst wo zu hören oder zu erzählen.

Nehmen wir an, dass Henry an diesem Abend in der Bar einer alten Freundin begegnet, die er schon lange nicht mehr gesehen hat (er lebt ja seit einiger Zeit auf einem anderen Kontinent). Die beiden freuen sich über das Treffen und wollen natürlich so viel wie möglich voneinander erfahren, und das in kurzer Zeit. Ein Informationsupdate steht an. Sicher kommt es auch zur gegenseitigen Frage: Was machst du heute beruflich? Oder: Was macht die Firma, für die du heute arbeitest? Wir haben damit eine Situation, wie sie dem Treffen vor der Kaffeemaschine oder dem Elevator Pitch, von denen wir schon gesprochen haben, nicht unähnlich ist. Henry, an den sich die Frage gerichtet hat, muss und will seiner Freundin nun erklären, was er beruflich macht. Die Aufmerksamkeitsspanne seiner Freundin für dieses Thema ist beschränkt. Sie will an diesem Abend ja noch viel mehr wissen, etwa wieviel Kinder Henry inzwischen hat, oder wie es sich in dem entfernten Land lebt, sie will auch von sich erzählen, und dann hat man noch diverse gemeinsame Bekannte, die man durchgehen muss. Und da Henrys Freundin in einem ganz anderen Bereich arbeitet, muss er ihr die Dinge in einer Sprache erklären, die es ihr ermöglicht, zu verstehen, was er macht. Zum Beispiel muss er auf Fachausdrücke, die man nur innerhalb seiner Szene kennt, verzichten, oder diese auf einfache Art umschreiben.

Erstaunlicherweise gelingt so etwas am Abend in der Bar oft viel besser als während des Tages im Büro. Entsprechend benutzte ich diese Situation oft als Gedankenspiel in der Arbeit mit Kunden, um ihnen zu helfen, Dinge auf den Punkt zu bringen, in kurzer Zeit zu erläutern und, vor allem, dies in einer allgemein verständlichen Sprache zu tun. Ich bitte sie dann, sich in die Situation Henrys zu versetzen: Stellen Sie sich vor, Sie treffen einen alten Kollegen in der Bar und müssen ihm die Sache erklären. Meist kommen wir dann sehr gut voran. Menschen, die vorher noch größere Mühe hatten, sich zum Beispiel für den nächsten Auftritt auf einer Konferenzbühne vorzubereiten, gelingt es mit der mentalen Verschiebung in die Bar viel besser, klar, konzis und verständlich ihre Botschaften zu vermitteln.

Woran liegt das? Da gibt es wohl verschiedene Gründe, etwa, dass die kurze Zeit, die zur Verfügung steht, zu einer konzentrierten Aussage zwingt. Wichtig ist jedoch sicher auch, dass diese Vorstellung in verschiedener Hinsicht etwas Befreiendes hat. So ist die Bar als Ort mehr relaxt als die Konferenzbühne. Die Sprache kann, ja muss, unter dieser Vorgabe vereinfacht werden. Und die Freundin, die man trifft, interessiert sich wirklich, man weiß also, dass man es mit einem offenen und wohlgesinnten Publikum zu tun hat. All dies führt dazu, dass man auch seine Persona hinter sich lassen kann: Man kann den Menschen hinter der (beruflichen) Maske zeigen, man ist mehr bei sich – und die Kommunikation wird einfacher und effektiver.

10.4 Eine Nacht in der Oper

Fragt man in New York einen Passanten auf der Straße, wie man in die Carnegie Hall, den berühmten Konzertsaal, gelangt, so erhält man als Antwort: durch Üben. So jedenfalls geht der legendäre Spruch, und natürlich steckt viel Weisheit darin. Und, so möchten wir den Rat ergänzen, durch viel Proben, denn dass das Proben noch besser als das Üben sei, haben wir gerade erst festgehalten. Das Proben passt bestens zu Musikern: Ihr Üben ist ja meist eine Art von Proben. Damit sind wir auf der klassischen Bühne angelangt und in der Oper, und bei ihren Protagonisten, den Sängerinnen und Sängern, den Tänzern und den Ballerinen. Es sind quasi, in professionellem Sinn, die Cousins und Cousinen der Schauspieler, mit denen wir im ersten Kapitel des Buches unsere Überlegungen zum authentisch Kommunizieren begonnen hatten.

Gemeinsam haben sie alle, dass sie viel Zeit auf der Bühne verbringen, oder, etwas moderner, vor der Kamera, und dass ihr berufliches Streben danach ausgerichtet ist, dort die bestmögliche Performance zu bieten. Nun schlüpfen die Schauspieler in fremde Rollen, weshalb wir sie als Meister der Täuschung apostrophiert haben. Doch gleichzeitig haben wir festgestellt, dass sie uns am meisten überzeugen, wenn ihr Rollenbild und Auftritt eine Entsprechung mit etwas in ihrem inneren Wesen haben. Das war der Ausgangspunkt für die Idee vom Wahrnehmen des inneren Kerns. Nicht zuletzt wegen dieser Entsprechung landen viele Schauspieler, und gerade die großen Kino- und Serienstars, bei Rollenstereotypen, wie dem Actionstar oder dem romantischen Helden. In gewissem Maß prägen sie diese selber: Wir denken zurück an die Diskussion rund um das Zitat von Cary Grant.

Nun scheint der Freiheitsgrad bei den Opernsängern oder Balletttänzern noch viel kleiner zu sein als bei den Schauspielern. In einem klassischen Ballett ist die Rolle komplett vorgegeben, jeder Schritt und jede Bewegung ist bis ins kleinste Detail durch die Choreografie und die Regie definiert. In der Oper gilt das für Musik und Text: Jede Note ist fixiert, jeder Satz steht im Libretto. Kommt hinzu, dass die Ausbildung in diesen Disziplinen viele Jahre bis Jahrzehnte dauert, bis sich jemand überhaupt nur die technischen Fähigkeiten erwerben kann, die es braucht, um am Abend auf so einer Bühne zu performen. Eine Oper zu singen oder ein klassisches Ballett zu tanzen, kann man mit Hochleistungssport vergleichen. In dieser Ausbildung werden professionelle, künstlerische und kulturelle Traditionen vermittelt und übertragen, die teils über hunderte Jahre entwickelt wurden. Eine Operndiva, die auf der Bühne eine Rolle singt, steht in einer langen, großen Reihe. Wo also bleibt das Individuelle, wo die Person hinter der Rolle, und gibt es auch hier eine Übereinstimmung, wie wir sie bei den Schauspielern gesehen haben?

Jeder Opern- und Ballettfan wird das bestätigen. Die Unterschiede zwischen den Performern können beachtlich sein. Nicht zuletzt spricht man ja von Interpreten, und deren Interpretationen können sehr unterschiedlich ausfallen. Obwohl wir es von außen betrachtet mit einem äußerst normierten Auftritt zu tun haben, schaffen es große Sänger oder Tänzer immer wieder, ihrer Rolle etwas ganz Eigenes zu geben und in Harmonie mit ihr zu treten. Sie stechen aus der Masse heraus, sie werden unverwechselbar – obwohl doch alles vorgegeben ist. Wenn einmal ein hohes technisches und künstlerisches Niveau erreicht wird, tritt – selbst im Rahmen dieses scheinbar so eng definierten Korsetts der Oper und des klassischen Balletts – die Individualität der Performer wieder hervor.

Natürlich ist auch das eine Manifestation des in diesem Buch beschriebenen Konzepts: Wenn uns die Interpreten einer Opern- oder Ballettaufführung besonders überzeugen, dann weil sie die Rolle mit ihrem inneren Wesen verbinden können und uns einen Zugang zu diesem gewähren. Authentizität, das sehen wir auch in diesem letzten, bewusst extrem gewählten Beispiel deutlich, ist nicht eine Frage äußerlicher Originalität, sondern der Kongruenz von dem, was wir innen und außen wahrnehmen. Und damit erreichen wir die größte Wirkung.

Auch wenn die meisten von uns keine Opernsänger, keine Balletttänzer, keine Schauspieler, keine Superhelden und – Gott bewahre – auch keine hitchcockschen Bösewichte sind, wie wir ihnen hier begegnen konnten: Kommunikation hat immer den Charakter eines Auftritts, und so können wir von diesen professionellen und imaginären Protagonisten lernen.

Die ganze Welt ist eine Bühne, so sagt es schon Shakespeare. Er hat wunderbare Rollen geschrieben. Aber die beste ist, sich selbst zu sein (Abb. 10.1).

Abb. 10.1 Bühne (© S. Bannwart. All rights reserved.)

Fragen für persönliche Überlegungen an die Leserin und den Leser

- An welche Momente können Sie sich erinnern, wo ein Mentor oder Trainer Ihnen fundamental wichtige oder gar transformative Einsichten vermittelt hat?
- Proben Sie Ihre Auftritte regelmäßig und haben Sie einen Sparringpartner dafür?
- Verkörpern Sie Ihre eigene Rolle, wenn Sie auf der Bühne des Lebens stehen?

Was Sie aus diesem Kapitel mitnehmen können

- Das letzte Kapitel des Buches führt auf die Bühne. Zuerst auf die des Büros, wo erfolgreiches Üben und Proben für (geschäftliche, aber auch andere) Auftritte beschrieben wird.
- Wir betonen nicht nur die Wichtigkeit des Probens und dessen transformative Wirkung, sondern ebenso den Beizug eines Sparringpartners oder Coaches. Ein solcher kann ihnen besonders in der Kommunikation sehr helfen, denn wir können uns per Definition nie so wahrnehmen, wie es andere Menschen tun.
- Dann lernen wir in der Bar, Dinge konzis und zielgruppengerecht zu formulieren, indem wir sie vereinfachen, auf den Punkt bringen und wenn möglich unter Beizug oder in Form von Geschichten erzählen.
- Und zuletzt landen wir in die Oper. Dort begegnen wir den Cousinen und Cousins der Schauspieler vom Beginn des Buches: den Sängern und Ballerinen. Auch bei ihnen, die in engstem Korsett vorgegebener Choreografien und Librettos operieren, stechen die heraus, die den inneren Kern mit ihrer Rolle verbinden – einmal mehr sehen wir unsere Idee bestätigt: Die beste Rolle für den Menschen ist es, sich selbst zu sein.